Roland Hoffmann

Notfallmanagement für Dolmetscher und Übersetzer

Anleitung zur Erstellung eines Notfallhandbuchs

BDÜ Fachverlag

Roland Hoffmann

Notfallmanagement für Dolmetscher und Übersetzer

Anleitung zur Erstellung eines Notfallhandbuchs

Die Deutsche Bibliothek – CIP Einheitsaufnahme

Roland Hoffmann: Notfallmanagement für Dolmetscher und Übersetzer
Anleitung zur Erstellung eines Notfallhandbuchs
ISBN: 978-3-938430-66-8

verlegt von der BDÜ Weiterbildungs- und Fachverlagsgesellschaft mbH, Berlin,
einem Unternehmen des Bundesverbandes der Dolmetscher und Übersetzer e. V. (BDÜ)

Satz: Thorsten Weddig, Essen
Foto: Felix Abraham/Fotolia.com (Titelbild)
Druck: Schaltungsdienst Lange oHG, Berlin

Vorwort

Vor etlichen Monaten rief mich die Frau eines Kollegen an und erzählte mir, dass ihr Mann mit Herzinfarkt ins Krankenhaus eingeliefert worden sei. Sie bat mich, einen Übersetzungsauftrag zu übernehmen, den ihr Mann nicht mehr habe fertigstellen können. Ich habe den Auftrag erledigt, doch dann bin ich ins Grübeln gekommen.

Was wäre, wenn es mir so erginge? Meine Frau würde mangels Passwort nicht einmal in meinen Rechner kommen, geschweige denn erkennen können, welche Aufträge zu erledigen sind.

Das war sozusagen die Geburtsstunde für ein Notfallhandbuch für Freiberufler im Allgemeinen und für Übersetzer und Dolmetscher im Speziellen.

Wenn die Festplatte kaputt geht oder das Notebook gestohlen wird, ist das in gewissem Sinn auch ein Notfall, doch wenn man über eine aktuelle Datensicherung verfügt, dann kann man einen derartigen Notfall relativ einfach beheben. Wenn Sie aber verunglücken oder ins Koma fallen, ist das nicht nur für Sie, sondern auch für Ihr Geschäft lebensbedrohlich. Um diese Art von Notfall soll es in diesem Buch gehen.

Inhalt

1 Einleitung

Der Begriff des Notfallmanagements wird von Behörden und Unternehmen für im Voraus geplante Maßnahmen verwendet, die bei auftretenden Katastrophen, Krisen oder Notfällen dafür sorgen sollen, möglichst schnell wieder den Normalzustand herstellen zu können. Beispiele für derartige Ausnahmesituationen sind der Ausfall der Stromversorgung in einem Krankenhaus, ein Flugzugabsturz oder aber die allergische Reaktion von Menschen auf ein neues kosmetisches Produkt.

Als Freiberufler sind Sie von Katastrophen derartiger Größe normalerweise nicht betroffen, wenn aber Ihr Computer seinen Geist aufgibt, setzt auch bei Ihnen das Notfallmanagement ein und Sie werden umgehend die hoffentlich angelegte Sicherungskopie Ihrer Daten und Programme auf einen anderen Computer überspielen, um wieder ganz normal arbeiten zu können. Die Maßnahmen im Rahmen dieses Notfallmanagements werden von uns ganz automatisch ergriffen. Was aber ist, wenn Sie z.B. einen Skiunfall erleiden – seit dem tragischen Unfall von Michael Schuhmacher sollte uns bewusst sein, dass dies jeden treffen kann – und mehrere Monate im Koma liegen? Dann benötigen Sie ein Notfallhandbuch, mit dessen Hilfe eine von Ihnen im Voraus ausgewählte und benannte Vertrauensperson Ihr Geschäft über einen gewissen Zeitraum weiterführen kann.

Ein Notfallhandbuch lässt sich mit einer Berufsunfähigkeitsversicherung vergleichen: Die meisten selbstständig Tätigen haben eine, gehen aber davon aus, oder hoffen zumindest, diese niemals zu benötigen. Man hat und bezahlt sie nur, um für den Fall der Fälle abgesichert zu sein. Im Unterschied dazu machen sich die meisten Freiberufler aber überhaupt keine Gedanken über das Notfallmanagement und haben darum auch kein Notfallhandbuch.

Das vorliegende Buch zum Notfallmanagement richtet sich an alle Übersetzer und Dolmetscher, die freiberuflich allein oder in kleinen Teams oder Firmen arbeiten. Mithilfe dieses Buches können Sie sich ein eigenes Notfallhandbuch erstellen, in dem alle Abläufe vom Auftragseingang über die Rechnungsstellung bis hin zum Überprüfen der Zahlungseingänge und der Buchhaltung dokumentiert werden. Danach müssen Sie das Notfallhandbuch nur noch mit einer Person Ihres Vertrauens durchgehen, die bei Eintreten des Notfalls Ihr Geschäft dann über einen gewissen Zeitraum weiterführen kann.

Mit dem Erstellen Ihres Notfallhandbuchs haben Sie gleichzeitig auch eine Dokumentation Ihrer Arbeitsabläufe im Sinne einer Qualitätssicherung. Außerdem werden Sie vielleicht feststellen, dass Sie gewisse Arbeitsabläufe zu kompliziert angelegt haben oder Dinge doppelt tun. Somit kann das Erstellen eines Notfallhandbuchs auch dazu führen, dass Sie bestimmte Aufgaben zukünftig effizienter und schneller erledigen können.

Ich wünsche Ihnen viel Vergnügen beim Lesen des vorliegenden Buches und beim Erstellen Ihres eigenen Notfallhandbuchs.

Zum Abschluss sei noch angemerkt, dass ich in diesem Buch Bezeichnungen wie Dolmetscherin oder Übersetzer verwende, wobei immer weibliche wie auch männliche Kollegen gemeint sind – damit wollte ich Formen wie ÜbersetzerIn vermeiden.

München, im November 2014
Roland Hoffmann

2 Vorkehrungen für den Notfall

„Drei Dinge braucht der Mann", so lautete ein berühmter Werbeslogan für einen Pfeifentabak – drei Dinge brauchen auch Sie, um für einen Notfall gerüstet zu sein:

- ein Notfallhandbuch (siehe Kapitel 4 und 5)
- einen Passwort-Safe, der alle Passwörter enthält (siehe Kapitel 3)
- Sicherungskopien aller Daten, die für das Geschäft wichtig sind (siehe Kapitel 6)

Das Notfallhandbuch ist ein Leitfaden, der Schritt für Schritt alle Aktionen erklärt, die durchgeführt werden müssen, damit eine Person Ihres Vertrauens – in Zukunft nur noch Vertrauensperson – Ihr Dolmetsch- und/oder Übersetzergeschäft für eine gewisse Zeit weiterführen kann. Da für viele dieser Aktionen, wie z. B. das Einloggen bei einem Kunden, Abfrage des Kontenstands etc., Passwörter benötigt werden, möchte ich zuvor jedoch die Funktion eines Passwort-Safes erklären, in dem sich alle geschäftlichen und privaten Passwörter sicher speichern lassen. Abschließend gehe ich noch auf das Erstellen von Sicherungskopien ein.

3 Der Passwort-Safe „KeePass"

Der Passwort-Safe ist ein virtueller Geldschrank, in dem Sie all Ihre Passwörter aufbewahren können. Das einzige Passwort, das Sie sich merken müssen, ist das Masterpasswort, mit dem sich der Geldschrank öffnen lässt. Es gibt eine ganze Reihe von Programmen, mit deren Hilfe sich Passwörter verwalten lassen. Sie müssen im Internet nur einmal nach Passwort-Manager, Passwort-Safe oder Kennwortverwaltung suchen, um verschiedenste Programme angeboten zu bekommen. Als Beispiel möchte ich Ihnen KeePass vorstellen, das ich seit mehreren Jahren benutze, und das sich sehr bewährt hat – und das auch noch nie geknackt wurde.

KeePass ist ein kostenloses Open-Source-Programm, das Sie sich einfach unter www.keepass.info herunterladen können. Auf der Homepage von KeePass werden Sie sehen, dass es von dem Programm zwei verschiedene Serien gibt: 1.x und 2.x, wobei die Serie 2.x noch mehr Funktionen anbietet als die Serie 1.x. Ich arbeite mit der 1er-Serie, die alle Funktionen bietet, die ich für eine einfache und sichere Verwaltung meiner Passwörter benötige. Aber vielleicht finden Sie in der 2er-Serie Funktionen, die für Sie wichtig sind.

Tipp

Für welche Serie bzw. welches Programm Sie sich entscheiden, ist nur zweitrangig. Wichtig ist, dass Sie all Ihre Passwörter konsequent im Passwort-Safe speichern, dass Sie „echte" Passwörter verwenden – also kein Geburtsdatum oder den Namen der Freundin oder des Ehemannes – und dass Sie Ihre Passwörter nicht mehrfach verwenden. Dies gilt vor allem für wichtige Passwörter beispielsweise für das Online-Banking.

Nachdem Sie sich die Installationsdatei von KeePass heruntergeladen, das Programm installiert und gestartet haben, geht es los mit dem Einrichten des Passwort-Safes.

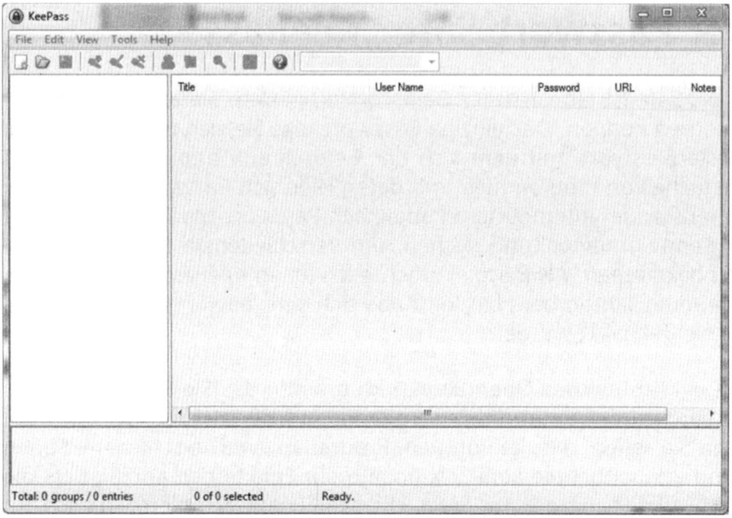

Abb. 1: Startbildschirm von KeePass

3.1 Einrichten von KeePass

Klicken Sie in der Menüzeile auf *File* und *New*. Es erscheint folgendes Fenster, in dem Sie das Masterpasswort für Ihren Geldschrank eingeben müssen.

Abb. 2: Vergabe des Masterpassworts in KeePass

Das Masterpasswort ist entscheidend für die Sicherheit Ihres Passwort-Safes. Es darf also von einem Unbefugten nicht einfach zu erraten sein. Allerdings sollten Sie sich das Passwort auch merken können, ansonsten besteht die Gefahr, dass Sie sich irgendwo in der Nähe des Computers das Passwort notieren. Aus Erfahrung weiß ich, dass sich Passwörter, die auf einem persönlichen Erlebnis basieren, am leichtesten merken lassen. Angenommen, Sie waren 2014 in Italien in Urlaub. Geben Sie einmal testweise „Italien14" in das Feld *Master Password* ein. KeePass zeigt Ihnen bei der Eingabe schon an, wie sicher Ihr Masterpasswort ist – je grüner desto sicherer. Bei „Italien14" ist noch alles im orangen Bereich. Angenommen Sie waren nicht allein im Urlaub, sondern Ihre Kinder Katharina, Peter und Moritz waren auch dabei, dann könnten Sie ein Passwort nach folgendem Schema aufbauen: „itaKPMlien14++!" – das „++!" steht für einen sehr schönen Urlaub. Dieses Passwort können Sie sich ganz sicherlich merken, und bei der Eingabe geht es gleich in den grünen Bereich.

Abb.3: Das Masterpasswort

Wenn Sie die Sicherheitsstufe für Ihren Passwort-Safe noch erhöhen wollen, dann können Sie das Kästchen *Use master password and key file* anklicken. Dann muss beim Öffnen des Passwort-Safes nicht nur das Masterpasswort eingegeben, sondern zusätzlich auf eine Schlüsseldatei zugegriffen werden, die man beispielsweise auf einem USB-Stick hat. Ich möchte im Folgenden aber mit der Variante ohne Schlüsseldatei arbeiten.

Klicken Sie auf *OK* und Sie werden im nächsten Fenster aufgefordert, Ihr Masterpasswort erneut einzugeben.

Danach erscheint wieder der Startbildschirm (Abb. 1), allerdings sehen Sie im linken Fenster bereits eine Dateistruktur, wie Sie sie aus dem Windows-Explorer kennen.

Ehe Sie jetzt damit beginnen, die ersten Passwörter zu speichern, sollten Sie Ihren Passwort-Safe speichern: Klicken Sie auf *File, Save As* und speichern Sie Ihren Passwort-Safe z. B. unter dem Namen „Notfall.kdb" - *.kdb ist dabei die Standarddateierweiterung, die KeePass verwendet.

3.2 Speichern von Einträgen in KeePass

Die Dateistruktur in KeePass bietet standardmäßig die Gruppe „General" an, in der sich Untergruppen wie „Internet" oder „eMail" befinden. Hierunter können Sie entsprechende Eintragungen beispielsweise mit den Zugangsdaten zu Ihrem Internetprovider oder Ihren verschiedenen E-Mail-Adressen speichern. Zum Speichern von Zugangsdaten für das Einloggen auf Servern von Kunden legen wir uns eine entsprechende neue Gruppe an.

3.2.1 Neue Gruppe in KeePass anlegen

Klicken Sie auf *Edit*, dann auf *Add Group* und tragen Sie „Kunden" in die Rubrik des sich öffnenden Fensters ein. Wenn Sie auf die blaue Mappe neben „Icon" klicken, erhalten Sie eine Auswahl von Symbolen, die Sie verwenden können. In der Dateistruktur sehen Sie jetzt eine neue Gruppe mit dem Namen „Kunden" sowie das von Ihnen gewählte Symbol.

Klicken Sie erneut auf *Add Group* und legen Sie nach obigem Muster eine Gruppe namens „CAT-Tools" an.

Jetzt haben Sie zwei neue Gruppen, die allerdings noch über keine Einträge verfügen. Daher legen wir gleich einen Eintrag in der Gruppe „Kunden" an.

3.2.2 Neuen Eintrag in KeePass anlegen

Klicken Sie auf *Kunden*, dann in der Menüzeile auf *Add Entry*, und Sie sehen folgendes Fenster, das hier teilweise bereits ausgefüllt wurde:

Abb. 4: Neuer Eintrag in KeePass

Bei „Title" geben Sie in diesem Fall den Namen Ihres Kunden ein, „User name" steht für den Namen, mit dem Sie sich beim Server des Kunden einloggen, und bei „Password" finden Sie ein Passwort, dass KeePass Ihnen vorschlägt. Wenn Sie es nicht sehen können, dann klicken Sie auf die Schaltfläche mit den drei Punkten rechts von Ihrem Passwort. Sollte der Kunde Ihnen ein festes Passwort vergeben haben, dann tragen Sie es einfach bei „Password" und „Repeat" ein. Vielleicht gibt es für die Passwortvergabe auch bestimmte Vorgaben, also z. B. Länge des Passworts oder Zeichen, die vorkommen dürfen bzw. müssen. In diesem Fall klicken Sie die Schaltfläche ganz rechts hinter „Repeat" an, und Sie erhalten folgendes Fenster:

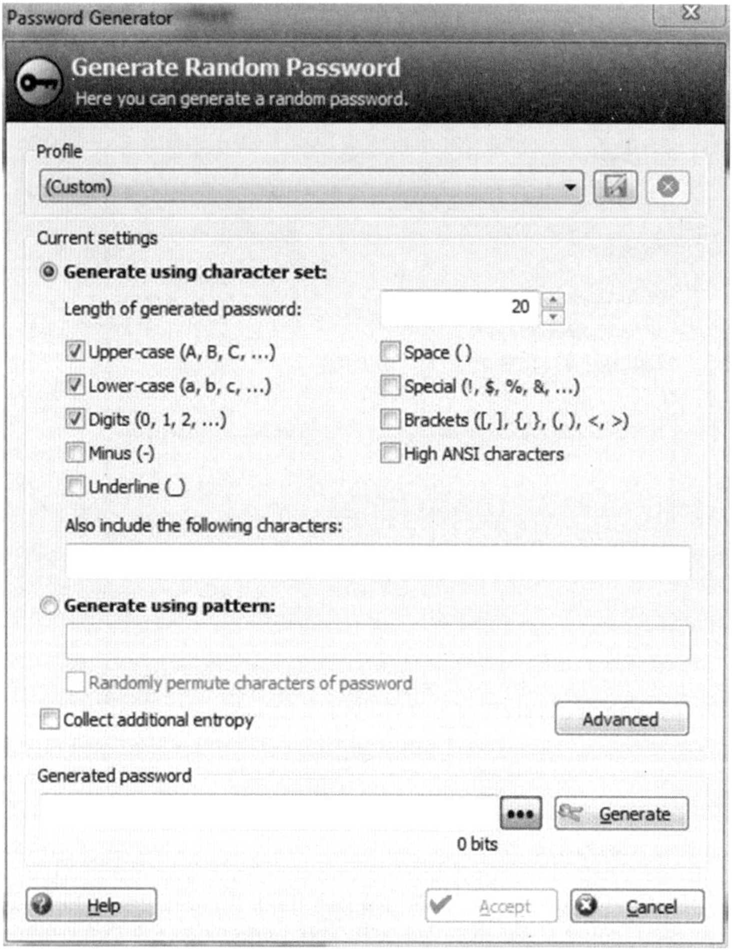

Abb. 5: Optionen für das Generieren eines Passworts in KeePass

Bei „Length of generated password" können Sie die Länge des Passworts wählen und dann ein Häkchen bei den Zeichenarten setzen, die in dem Passwort vorkommen dürfen bzw. müssen. Abschließend klicken Sie unten rechts auf die Schaltfläche *Generate*. Mit *Accept* akzeptieren Sie das Passwort für den betreffenden Eintrag.

Jetzt können Sie bei „URL" die Internetadresse eingeben, bei der Sie sich einloggen müssen. Abschließend klicken Sie auf *OK*. Jetzt sehen Sie Ihren ersten Eintrag in KeePass. Klicken Sie sofort auf Speichern (das Diskettensymbol) oder [Strg]+[S], wie in jedem Windows-Programm.

Tipp

Jeder Eintrag hat unten ein Feld „Notes", in das man freien Text eintragen kann. In dieses Feld kann man beispielsweise eintragen, mit welcher E-Mail man den Aktivierungskode für ein CAT-Tool erhalten hat, man kann aber auch gleich den Aktivierungskode hier speichern (der Kode im Beispiel ist frei erfunden und kein echter Kode).

Abb. 6: Anmerkungsfeld in KeePass nutzen

3.3 Verwenden von Einträgen aus KeePass

Wenn Sie ein Passwort aus Ihrem Passwort-Safe benötigen, so haben Sie verschiedene Möglichkeiten, dieses Passwort auszulesen. Angenommen, Sie möchten sich im Portal Ihres Kunden „Fachübersetzungen GmbH & Co. KG" einloggen, um dort einen Auftrag herunterzuladen.

3.3.1 Kopieren von Benutzername und Passwort

Das ist die einfachste Methode. Sie öffnen einfach den Eintrag des Kunden mit einem Doppelklick. Dann kopieren Sie zuerst den Benutzernamen mit [Strg]+[C] und fügen ihn mit [Strg]+[V] an der entsprechenden Stelle ein. Anschließend verfahren Sie ebenso mit dem Passwort.

Sie können Benutzernamen und Passwort aber auch kopieren, ohne den Eintrag zu öffnen. Er muss nur markiert sein:

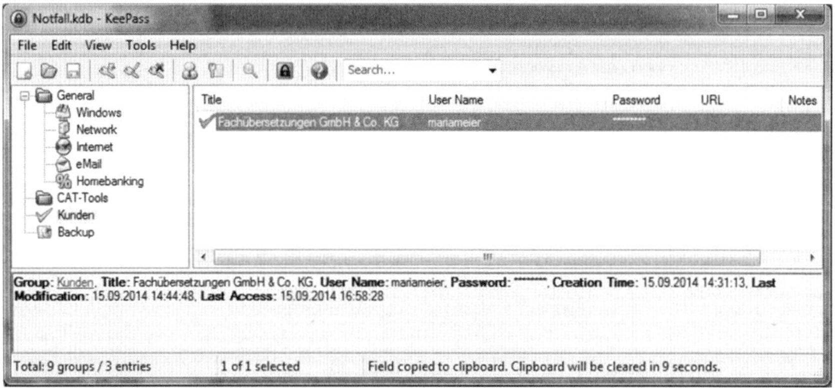

Abb. 7: Die geöffnete Datenbank von KeePass

Den Benutzernamen kopieren Sie mit [Strg]+[B]. Unten in der Statuszeile können Sie jetzt lesen, dass der Feldinhalt in die Zwischenablage kopiert wurde. Dort bleibt er für zehn Sekunden. In dieser Zeit müssen Sie den Cursor in das entsprechende Feld auf der Homepage setzen und den Feldinhalt mit [Strg]+[V] einfügen. Das Passwort wird dann mit [Strg]+[C] kopiert und ebenfalls mit [Strg]+[V] eingefügt.

3.3.2 AutoType von Benutzername und Passwort

Das ist die komfortabelste Methode. Sie stellen den Cursor in das Feld Benutzername auf der Homepage, wechseln dann zu KeePass, klicken mit der rechten Maustaste auf den Eintrag und ziehen die Maus auf „Perform Auto-Typ". KeePass tippt Benutzername und Passwort automatisch in die entsprechenden Felder.

Achtung!
Diese Funktion wird nicht von allen Internetseiten unterstützt. Vor allem auf Bankseiten funktioniert sie aus Sicherheitsgründen meist nicht.

3.4 Weitere Funktionen von KeePass

3.4.1 Backup von Einträgen

Sobald Sie einen Eintrag verändern, legt KeePass ein Backup-Verzeichnis bzw. eine Backup-Gruppe an, in der sich die alte Version des Eintrags befindet. Bei einer weiteren Änderung wird die alte Version ebenfalls wieder gespeichert. Auch ein Eintrag, den Sie löschen, wird hierher verschoben. Damit haben Sie eine Art von Sicherungskopie Ihrer Einträge.

Tipp
Ich empfehle Ihnen, die *.kdb-Datei von KeePass regelmäßig mit zu sichern, damit Sie bei einem Absturz Ihres Computers diese Datei nicht verlieren. Eventuell ist auch ein Speichern der Datei auf einem USB-Stick sinnvoll.

3.4.2 Sortieren von Einträgen

Wenn Sie einen Eintrag anwählen, können Sie ihn mit der rechten Maustaste anklicken, dann den Cursor auf „Rearrange" ziehen und eine der angegebenen Optionen zum Verschieben des Eintrags auswählen.

Sie können in der Übersicht einer Gruppe – wie beim Windows Explorer – aber auch einfach auf die Titelzeile der gewünschten Spalte klicken, um die Einträge nach Namen, Benutzerdatum etc. sortieren zu lassen.

Fazit

KeePass ist ein wunderbares kleines Programm zum Speichern und Verwalten von Passwörtern, mit dem sich nicht nur alle Passwörter aus dem geschäftlichen Bereich speichern lassen, sondern auch jene aus dem Privatbereich. Natürlich können Sie auch andere Informationen in KeePass speichern – beispielsweise die Police-Nummern Ihrer privaten Versicherungen, die Seriennummern von Software, die ID-Nummern von Mobiltelefonen oder Notebooks etc.

4 Das Notfallhandbuch

Wie ich weiter oben bereits erwähnt habe, ist das Notfallhandbuch ein Leitfaden, der Schritt für Schritt alle Aktionen erklärt, die Ihre Vertrauensperson durchführen muss, damit sie Ihr Geschäft für eine gewisse Zeit weiterführen kann.

Oberste Priorität sollten Aufträge haben, die bereits angenommen wurden, aber noch nicht fertiggestellt sind. Im Notfallhandbuch müssen daher alle Fälle durchgespielt werden, die auftreten können. Dies geschieht nach folgendem Ablaufdiagramm (siehe Abb. 8). Sie können in Ihr Notfallhandbuch natürlich auch verschiedene Stufen einbauen. Wenn Sie beispielsweise nur für ein paar Tage im Ausland festhängen, weil ein Flughafen bestreikt wird, dann genügt es vielleicht, wenn sich Ihre Vertrauensperson nur um die Aufträge kümmert, die noch nicht fertig sind und eigentlich in der Zeit Ihrer Abwesenheit abzuliefern wären.

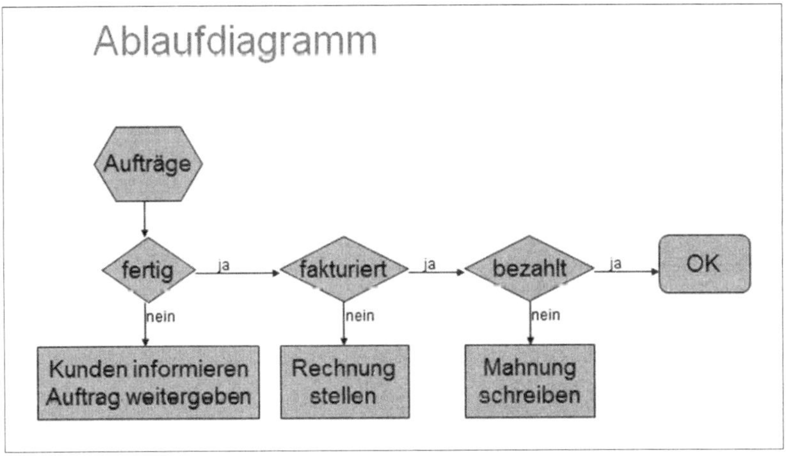

Abb. 8: Ablaufdiagramm für das Abarbeiten der Aufgaben

Ihre Vertrauensperson setzt sich im Notfall an Ihren Schreibtisch und fragt sich: Gibt es Aufträge? Sind diese fertiggestellt? Wenn nicht, dann muss Ihr Kunde informiert und der Auftrag evtl. an eine Kollegin weitergegeben werden.

Tipp

Drucken Sie sich für jeden Auftrag doch ein Auftragsblatt aus, das Sie sich in eine farbige Klarsichthülle auf den Schreibtisch legen. Wenn Sie mit mehreren Sprachen arbeiten, können Sie auch verschiedene Farben verwenden. So ist für die Vertrauensperson – und für Sie selbst im täglichen Geschäft natürlich auch – sofort erkennbar, ob Aufträge vorliegen, die noch nicht fertiggestellt sind.

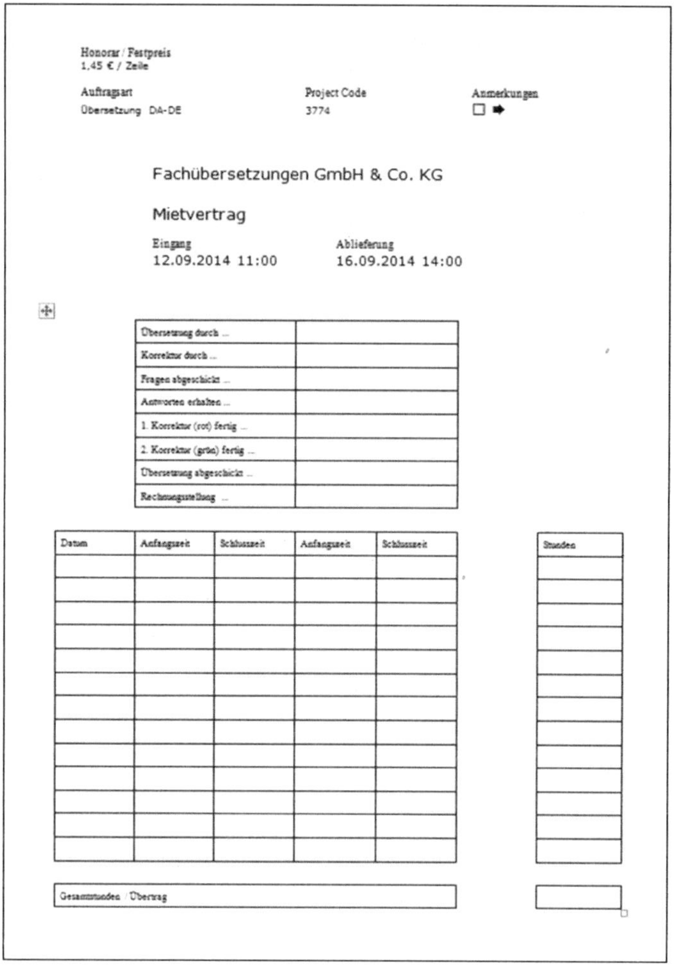

Honorar / Festpreis
1,45 € / Zeile

Auftragsart: Übersetzung DA-DE
Project Code: 3774
Anmerkungen: ☐ ➡

Fachübersetzungen GmbH & Co. KG

Mietvertrag

Eingang: 12.09.2014 11:00
Ablieferung: 16.09.2014 14:00

Übersetzung durch ...	
Korrektur durch ...	
Fragen abgeschickt ...	
Antworten erhalten ...	
1. Korrektur (rot) fertig ...	
2. Korrektur (grün) fertig ...	
Übersetzung abgeschickt ...	
Rechnungsstellung ...	

Datum	Anfangszeit	Schlusszeit	Anfangszeit	Schlusszeit

Stunden

Gesamtstunden / Übertrag

Abb. 9: Muster eines Auftragsformulars

Wenn Sie für längere Zeit ausfallen, muss die Vertrauensperson auch überprüfen, ob fertiggestellte Aufträge schon in Rechnung gestellt wurden. Falls nicht, ist eine Rechnung zu stellen. Als nächstes ist zu kontrollieren, ob ausstehende und fällige Rechnungen schon bezahlt wurden. Andernfalls ist eine Zahlungserinnerung und/oder Mahnung zu schreiben. Das Notfallhandbuch muss all diese Fälle behandeln und für jeden einzelnen Fall genaue Anweisungen geben.

Zunächst werden im Notfallhandbuch die Programme genannt, die für das Geschäft und damit für die Vertrauensperson wichtig sind, also

- Auftragsverwaltung (siehe Abschnitt 5.2.1)
- E-Mail-Programm (siehe Abschnitt 5.2.2)
- Passwort-Safe (siehe Kapitel 3)
- Sicherheitskopien (siehe Abschnitt 5.2.4)

Danach wird die Dateistruktur erläutert, damit Ihre Vertrauensperson weiß, wo Kundendaten, Auftragsdaten, Rechnungen etc. gespeichert sind.

Schließlich werden die einzelnen Fälle nach obigem Ablaufdiagramm einzeln durchgegangen. Sie werden beim Erstellen Ihres eigenen Notfallhandbuchs feststellen, wie viele Informationen und Details zu einzelnen Abläufen, wie beispielsweise das Erstellen und Verschicken einer Rechnung an einen bestimmten Kunden, sich nur in Ihrem Kopf befinden und nirgendwo dokumentiert sind.

Fazit

Ein sorgfältig erstelltes Notfallhandbuch hilft der Vertrauensperson, Ihr Geschäft über einen bestimmten Zeitraum weiterzuführen. Darüber hinaus dokumentiert es auch Ihre eigenen Arbeitsabläufe, die Sie beim Erstellen des Notfallhandbuchs vereinfachen und/oder vereinheitlichen können.

5 Erstellen eines Notfallhandbuchs

In diesem Kapitel zeige ich Ihnen, wie Sie Ihr eigenes Notfallhandbuch Schritt für Schritt erstellen. Dabei werde ich Ihnen bei jedem Schritt auch Beispiele aus einem echten Notfallhandbuch geben.

Achtung!
Die Hinweise in den Beispielkästen beziehen sich **nicht** auf das vorliegende Buch, sondern entstammen einem echten Notfallhandbuch!

5.1 Vorbereitung

Setzen Sie sich an Ihren Schreibtisch. Der Computer ist noch ausgeschaltet. Vor sich legen Sie einen Block und einen Bleistift, damit Sie jeden Schritt, den Sie ab jetzt tun, festhalten können. Ich empfehle Ihnen, einen Collegeblock DIN A4 quer zu benutzen, die Seite mit einem senkrechten Strich in zwei Spalten zu teilen und nur die jeweils linke Spalte zu beschriften. So haben Sie auf der rechten Seite noch Platz für spätere Ergänzungen (die sicherlich kommen werden).

Beginnen Sie jetzt wie an jedem normalen Arbeitstag zu arbeiten – mit dem Unterschied, dass Sie jeden Schritt dokumentieren. Dabei ist wichtig, dass Sie nichts vergessen. Sollten Sie Ihren Computer jeden Abend über eine Steckdosenleiste mit Schalter komplett vom Netz trennen, dann müssen Sie diese Steckdosenleiste auch in Ihrem Notfallhandbuch erwähnen – bedenken Sie, dass Ihre Vertrauensperson vielleicht unter Schock steht oder zumindest ziemlich gestresst ist.

Beispiel

1 Vorbereitung

An den Schreibtisch setzen. Nur so stimmen die Erklärungen, ob etwas rechts oder links zu finden ist.

1.1 Computer einschalten

Den Deckel des Laptops hochklappen und durch Drücken der Einschalttaste links oben über der Tastatur den Computer einschalten. Dann abwarten bis das Betriebssystem Windows 7 hochgefahren ist und die Benutzerkonten angezeigt werden.

1.2 Benutzerkonto auswählen

Die Schaltfläche (das Konto) „Roland Hoffmann" anklicken und das Kennwort fidesdfalg eingeben und auf „Enter" drücken oder auf den Pfeil rechts neben der Eingabe klicken. Abwarten bis der Desktop mit allen Symbolen erscheint.

5.2 Wichtige Programme

Normalerweise benötigt die Vertrauensperson vier Programme, um Ihr Geschäft vorübergehend abzuwickeln: das Programm, in dem die Auftragsverwaltung erledigt wird, das E-Mail-Programm, den Passwort-Safe und das Programm, mit dem die Sicherungskopien erstellt werden. Damit die Vertrauensperson diese Programme im Notfall schnell findet, kann man sie gemeinsam in einer Ecke des Desktops ablegen.

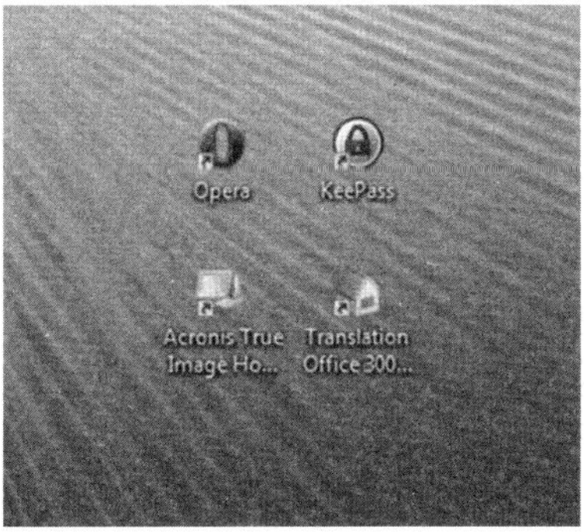

Abb. 10: Wichtige Programme auf dem Desktop

5.2.1 Auftragsverwaltung Beispiel: Translation Office 3000

Vielleicht verwalten Sie Ihre Aufträge in einer Excel- oder einer Word-Datei, vielleicht nutzen Sie den Translator's Office Manager oder eines der anderen Auftragsverwaltungsprogramme, die Andreas Fuchs (2009) getestet hat. Wichtig ist auf jeden Fall, dass Sie jeden einzelnen Schritt genauestens beschreiben.

Angenommen, Sie verwenden eine Excel-Tabelle als Auftragsverwaltungsprogramm und Ihre Vertrauensperson ist mit der Arbeitsweise und den Funktionen von Excel vertraut. In diesem Fall kann es ausreichen, wenn Sie den genauen Speicherort Ihrer Excel-Tabelle angeben und beschreiben, welche Informationen in welchen Spalten stehen, beispielsweise Kunde, Auftragsnummer, vereinbartes Honorar etc., und wo wiederum die Adresse und die Ansprechpartner des Kunden u. Ä. zu finden sind.

Wenn Sie viele Aufträge abzuwickeln haben, dann empfiehlt sich auf jeden Fall der Einsatz eines Auftragsverwaltungsprogramms. Ich selbst nutze seit Jahren Translation Office 3000. Wenn Ihre Vertrauensperson dieses Programm nicht kennt, müssen Sie jeden Schritt ausführlich erklären.

Beispiel

Translation Office 3000 ist das Auftragsverwaltungsprogramm

Dieses Programm wird im Folgenden mit TO3000 abgekürzt. Mit einem Doppelklick auf das Symbol von TO3000 wird das Programm geöffnet.

In der linken Menüspalte unter „Projekte" auf „Kundenaufträge" klicken. Dann im Auswahlfenster unter „Fakturiert" den Punkt „Nein" auswählen.

Wenn man im Fenster „Kundenaufträge" einen Auftrag auswählt und per Doppelklick öffnet, erhält man alle Informationen zu dem betreffenden Auftrag. Unter dem Reiter „Einzelheiten" stehen Auftragsname (Name), Art der Tätigkeit (Gruppe) und die Dienstleistung (z.B. die Sprachrichtung) sowie die Daten zur Abrechnung nach Volumen oder Festpreis.

Wenn man im Auswahlfenster „Stand" den Punkt „Nicht fertig" auswählt, erhält man alle Aufträge, die noch nicht fertig sind, d. h. die der Kunde noch nicht vollständig zurückerhalten hat (weiter bei 3.1).

Wenn man im Auswahlfenster „Stand“ den Punkt „Fertiggestellt“ auswählt, erhält man alle Aufträge, die der Kunde vollständig zurückerhalten hat, die jedoch noch nicht in Rechnung gestellt worden sind (weiter bei 3.2).

Wenn man die Dateien auffinden möchte, die zu einem Auftrag gehören, ist die Spalte ganz rechts wichtig: „Projekt-Code“. Das ist die Auftragsnummer, unter der alle Daten abgespeichert sind (siehe 3.2).

Hier in der Übersicht über die wichtigen Programme können Sie natürlich auf die Kapitel in Ihrem Notfallhandbuch verweisen, in denen Sie beschreiben, wie beispielsweise angenommene, aber noch nicht fertiggestellte Aufträge zu finden sind.

5.2.2 E-Mail-Programm Beispiel: Opera

Heutzutage ist es in unserem Geschäft undenkbar, ohne eine E-Mail-Adresse auszukommen. Daher gehört Ihr E-Mail-Programm auch zu den vier wichtigen Programmen, die Ihre Vertrauensperson bedienen können muss, wenn sie Ihr Geschäft über eine gewisse Zeit am Laufen halten soll.

Falls Ihre Vertrauensperson dasselbe E-Mail-Programm wie Sie verwendet, z. B. Outlook oder Thunderbird, dann können Sie sich in diesem Abschnitt darauf beschränken, die Struktur Ihrer E-Mail-Ablage zu erklären. Diese sollte sinnvoller Weise ähnlich aufgebaut sein wie die Dateistruktur in Ihrem Computer (siehe Kap. 5.3).

Sollten Sie aber ein E-Mail-Programm verwenden, das Ihre Vertrauensperson nicht kennt, dann müssen Sie die Funktionsweise sehr detailliert beschreiben und folgende Fragen beantworten:

- Wo finde ich ungelesene E-Mails?
- Wo sind E-Mails von Kunden mit einem Auftrag abgelegt?
- Wie beantworte ich eine E-Mail?
- Wie hänge ich eine Datei an meine E-Mail an?

Beispiel

Opera enthält alle E-Mails

Alle geschäftsrelevanten E-Mails sind in Opera gespeichert. Das Programm lässt sich durch einen Doppelklick öffnen. In der Spalte ganz links muss man den Briefumschlag anklicken, dann befindet man sich im Bereich E-Mail. Durch Klicken auf „Ungelesen" in der Spalte daneben erhält man alle E-Mails, die in irgendeiner Weise eine Handlung erfordern bzw. mit denen ein Auftrag erteilt wurde. In der mittleren Spalte sind alle E-Mails, die „Ungelesen" sind, in chronologischer Reihenfolge aufgelistet, wobei die neuesten Mails immer ganz oben stehen. In der ganz rechten Spalte sieht man den Text der gerade ausgewählten E-Mail.

Zum Beantworten einer E-Mail markiert man die betreffende E-Mail in der mittleren Spalte, indem man einmal darauf klickt. Dann kann man entweder auf der Tastatur auf „R" drücken oder auf den nach links weisenden Pfeil in der Menüzeile über dem E-Mail-Text.

In beiden Fällen öffnet sich ein Fenster mit der Antwortmail, in die bereits die Absenderadresse, die Empfängeradresse und der Betreff eingetragen sind. Außerdem ist der Text der ursprünglichen Mail zu sehen. Jetzt einfach die Antwort eingeben.

Zum Abschicken der E-Mail oben links auf „Senden" klicken.

Ferner müssen Sie hier auch erklären, wie eine Abwesenheitsnotiz eingerichtet wird. Dies ist je nach Anbieter (t-online, strato, 1x1 etc.) unterschiedlich und sollte Schritt für Schritt beschrieben werden – vielleicht sogar mit Screenshots. Eventuell können Sie sich auch überlegen, eine entsprechende Abwesenheitsnotiz einzurichten, diese aber noch nicht zu aktivieren. So muss Ihre Vertrauensperson sich nur noch beim Anbieter einloggen und die Abwesenheitsnotiz durch Eintragen des entsprechenden Datums scharf schalten. Dies ist vor allem dann sinnvoll, wenn die Abwesenheitsnotiz auch in einer Fremdsprache abgefasst sein soll. Allerdings sollten Sie diese Abwesenheitsnotiz in Ihrem Notfallhandbuch dann explizit abdrucken und mit einer Übersetzung versehen, damit Ihre Vertrauensperson auch versteht, was sie gerade tut.

Vergessen Sie auch Ihre BDÜ-Mail-Adresse nicht, falls Sie ein Amt im BDÜ innehaben. Ihre Kolleginnen und Kollegen werden sich über eine kurze Abwesenheitsnachricht freuen, wenn Sie für mehrere Tage oder Wochen Ihre E-Mails nicht lesen und beantworten können.

5.2.3 Passwort-Safe: KeePass

Die Funktionsweise des Passwort-Safes habe ich im vorliegenden Buch bereits in Kapitel 3 ausführlich beschrieben. Wenn Sie sich für den Einsatz von KeePass oder eines anderen Programms zur Verwaltung von Passwörtern entscheiden, dann müssen Sie in Ihrem eigenen Notfallhandbuch an dieser Stelle alle wichtigen Programmfunktionen erläutern, damit Ihre Vertrauensperson den Passwort-Safe öffnen und die entsprechenden Passwörter finden kann.

Von Vorteil ist dabei auch, wenn Sie in dem jeweiligen Programm eine durchdachte und für Ihre Vertrauensperson leicht verständliche Struktur für Ihre Passwörter angelegt haben.

5.2.4 Sicherungskopien

An dieser Stelle müssen Sie beschreiben, mit welchem Programm Sie Ihre Sicherungskopien erstellen, welche Dateien Sie regelmäßig sichern und auf welchem Speichermedium (externe Arbeitsplatte, zweiter Computer etc.) die Sicherungskopien abgelegt sind. Dazu gehört auch, dass Sie angeben, wo Sie das Speichermedium aufbewahren – im Normalfall sollte das Medium mit der Sicherungskopie ja nicht am selben Ort wie Ihr Computer aufbewahrt werden, damit im Falle eines Brandes in Ihrem Büro die Sicherungskopie noch intakt ist.

Damit Ihre Vertrauensperson eine Sicherungskopie verwenden kann, müssen Sie Ihr ferner erklären, wie das Zurückspielen einer Sicherungskopie mit Ihrem Programm erfolgt. Am besten ist es natürlich, wenn Sie dieses Zurückspielen auch einmal selbst ausprobiert haben, um sicherzustellen, dass es im Falle eines Falles auch wirklich funktioniert.

Beispiel

Acronis True Image zur Sicherung der Daten

Dieses Programm wird zur Erstellung einer Sicherungskopie bzw. deren Rücksicherung verwendet.

Durch einen Doppelklick auf das Symbol öffnet sich das Programm. In der Übersicht werden alle vorhandenen Backups angezeigt, wobei das jüngste Backup ganz oben steht.

Ein neues Backup kann auf zweierlei Weise angestoßen werden: Einerseits durch Klicken auf die Schaltfläche „Backup jetzt" in einem vorhandenen Backup – dabei werden die Einstellungen eben dieses Backups verwendet. Andererseits durch Klicken auf „Backup von Laufwerken und Volumes", wobei hier die zu sichernden Dateien bzw. Verzeichnisse anzuklicken, das Speicherziel anzugeben sowie ein Name für das Backup zu vergeben ist.

Ein Zurückspielen eines bestimmten Backups erfolgt über die Schaltfläche „Recovery" in einem vorhandenen Backup. Im Normalfall ist hier das jüngste Backup zu verwenden, es sei denn, man möchte einen früheren Zustand des Systems wiederherstellen.

Weitere Informationen zu verschiedenen Sicherungsstrategien und Möglichkeiten der Datensicherung erfahren Sie in Kapitel 6.

5.3 Dateistruktur im Computer

Es gibt Menschen, die sind äußerst strukturiert, andere wiederum sind kreativ bis chaotisch. Dies spiegelt sich auch in ihrer Umgebung und meist auch in ihrem Computer wider: Die Dateistruktur ist sozusagen ein Spiegelbild seines Besitzers oder seiner Nutzerin.

Nach welchem System Sie Ihre Dateien speichern, bleibt letztlich Ihnen überlassen. Vermutlich werden Sie ein System – nach Kunden, nach Auftrags- oder Projektnummern oder nach Datum – mit gewissen logischen Zwängen haben. Dieses System müssen Sie an dieser Stelle Ihres Notfallhandbuchs kurz erläutern, damit auch Ihre Vertrauensperson, die vielleicht ganz anders tickt als Sie, damit zurechtkommt.

Tipp

Wenn Sie sich einen neuen Rechner zulegen und mit Ihrem bisherigen System nicht zufrieden sind, dann empfehle ich Ihnen die beiden Artikel von Jerzy Czopik, der sich Gedanken zu einer sinnvollen Datenorganisation gemacht hat (siehe Bibliographie).

Wichtige Daten, die Ihre Vertrauensperson sofort finden können muss, sind

- Kundendaten
- Aufträge
- Auftragsdateien
- E-Mails
- Rechnungen

5.3.1 Kundendaten

Natürlich ist es essenziell, dass Ihre Vertrauensperson die entsprechenden Kundendaten finden kann, um einen Kunden beispielsweise telefonisch oder per E-Mail darüber zu unterrichten, dass Sie einen Skiunfall hatten und für sechs Wochen ausfallen.

Sollten Sie ein Auftragsverwaltungsprogramm verwenden, dann werden Sie alle Kundendaten sowieso zentral in diesem Programm gespeichert haben. Wenn Sie mit einer Excel-Liste oder einem Word-Dokument arbeiten, dann erläutern Sie, wo das Dokument zu finden und wie es aufgebaut ist. Wichtig ist dabei, dass nicht nur die Daten zum Kunden, also beispielsweise zum Unternehmen abgespeichert werden, sondern dass auch beschrieben ist, wo die Angaben zum jeweiligen Ansprechpartner eines Auftrags (Projektmanager, Einkäufer etc.) zu finden sind.

Auch hier gilt wieder: Im Zweifelsfall lieber etwas zu detailliert sein als eine wichtige Information zu vergessen.

Beispiel

Kundendaten

Alle Kundendaten sind im Programm TO3000 gespeichert (siehe 2.1). In der unteren Menüleiste findet sich als zweiter Punkt von links der Eintrag „Springen". Wenn man hier auf „Kunde" klickt, kommt man in den Kundenbereich.

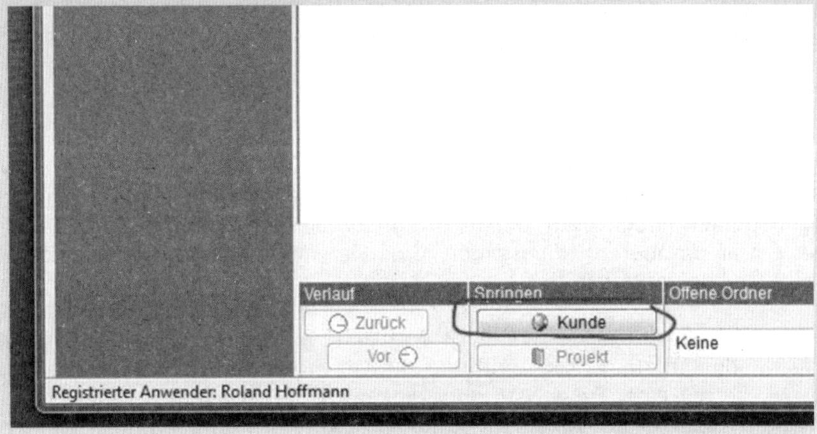

Der Haupteintrag zum Kunden steht auf dem ganz linken Reiter „Übersicht". Hier kann man in der linken Spalte den entsprechenden Kunden mit einem Mausklick auswählen und findet rechts Name, Adresse und Kundenwährung sowie im Fenster unten rechts „Allgemeine Informationen" u. a. Angaben zur Rechnungsstellung.

5.3.2 Aufträge

Für das Speichern bzw. Anlegen von Aufträgen gilt dasselbe wie für die Kundendaten. Wenn Sie ein Auftragsverwaltungsprogramm verwenden, dann werden darin die Aufträge mit Auftrags- und Fälligkeitsdatum angelegt und gespeichert und vielleicht auch als Auftragsformular ausgedruckt. Sie müssen in Ihrem Notfallhandbuch dann nur noch erklären, wie Ihre Vertrauensperson die entsprechenden Aufträge findet und weiter mit ihnen vorzugehen hat.

Beispiel

Aufträge

Alle Aufträge werden im Programm TO3000 angelegt (siehe 3.1). Beim Anlegen eines neuen Auftrags wird vom Programm automatisch ein Projekt-Code vergeben, der die Auftragsnummer darstellt.

Wenn man in TO3000 in der linken Spalte unter „Projekte" auf „Kundenaufträge" klickt, kann man im Feld „Stand" wählen, ob man sich „Alle" Aufträge anzeigen lassen will, oder nur diejenigen, die „Nicht fertig" oder „Fertiggestellt" sind (alle anderen Optionen werden nicht benötigt). Diese Auswahl kann man im Feld „Fakturiert" noch verfeinern.

Natürlich ist ein Auftragsverwaltungssystem nicht zwingend notwendig. Wenn Sie beispielsweise hauptsächlich Bücher oder andere umfangreiche Aufträge abwickeln, d. h. eine entsprechend geringe Anzahl von Einzelaufträgen pro Jahr abwickeln, dann brauchen Sie vielleicht weder Auftragsnummern noch ein gesondertes Programm für die Verwaltung. Dennoch müssen Sie Ihre Aufträge ja irgendwie in einer Liste oder Tabelle erfassen, um im Zweifelsfall nachweisen zu können, dass Sie einen Auftrag erhalten, erledigt und in Rechnung gestellt haben.

5.3.3 Auftragsdateien

Zu jedem Übersetzungsauftrag gibt es Dateien, die übersetzt werden müssen, manchmal auch Referenzmaterial oder Dateien mit Terminologie, oder auch Translation Memories oder Pakete, die in CAT-Tools erzeugt werden und die sowohl die zu übersetzenden Dateien als auch das entsprechende Memory enthalten.

In diesem Abschnitt Ihres Notfallhandbuchs beschreiben Sie, wie Sie die oben genannten Dateien ablegen, damit Ihre Vertrauensperson die betreffenden Dateien im Notfall auch sofort findet.

Beispiel

Auftragsdateien

Alle Dateien, die zu einem Auftrag gehören (und meist per E-Mail gekommen sind), werden nach folgendem Muster abgelegt:

Aufträge von Firmen

stehen unter

\000Daten\Uebersetzung\Firmen\Firmenname_XX\1234_abcdefg

wobei Firmenname für den Kunden und XX für das Land steht, aus dem der Kunde stammt, also z. B. Huber_DE für die Firma Huber GmbH aus Deutschland. 1234 ist die Auftragsnummer (Projekt-Code) aus TO3000 und abcdefg steht für die Bezeichnung des Auftrags. Bei manchen Kunden stehen hier eine Auftragsnummer des Kunden und dann z. B. der Name des Endkunden. Beispiel: 2851_4444-03-Meier ist der Auftrag mit meiner Auftragsnummer 2851, mit der die Kundenauftragsnummer 4444-03 für die Firma Meier abgedeckt wird.

Sollten Sie hauptsächlich für verschiedene Justizbehörden arbeiten, dann können Sie Ihre Aufträge auch nach der beauftragenden Behörde und dem entsprechenden Geschäftszeichen ablegen. Wenn Sie mit einer eher seltenen Sprache arbeiten und dementsprechend von Justizbehörden in ganz Deutschland herangezogen werden, dann ist es vielleicht sinnvoll, die Dateiablage nach Stadt/Justizbehörde/Geschäftsnummer zu sortieren.

Gleiches gilt natürlich für Dolmetschaufträge, bei denen Referenzmaterial so abzuspeichern ist, dass es schnell wiedergefunden werden kann – egal ob Ihre Vertrauensperson es an eine für Sie einspringende Kollegin weiterleiten muss, oder ob Sie selbst die Unterlagen nach zwei Jahren noch einmal benötigen. Eine gute, durchdachte Datenorganisation auf dem Rechner ist auch für Sie im Berufsalltag eine gute Sache.

5.3.4 E-Mails

Den Aufbau der E-Mail-Ablage haben Sie ja schon oben im Abschnitt 5.2.2 erklärt. Dann genügt hier ein Verweis auf diesen Abschnitt. Ansonsten müssen Sie hier beschreiben, nach welchem System Sie Ihre E-Mails ablegen.

5.3.5 Rechnungen

In diesem Abschnitt erläutern Sie nur, wo Sie Ihre Rechnungskopien ablegen, die Sie dem Kunden per Post oder E-Mail geschickt haben. Wie Sie eine Rechnung erstellen, d. h. mit welchem Programm und mit welchen Vorlagen, erklären Sie erst weiter unten in Abschnitt 5.6.

Beispiel

Rechnungen

Alle Rechnungen werden mit TO3000 erstellt (siehe Kap. 6).

Die erstellten Rechnungen werden vor dem Ausdrucken abgespeichert, und zwar unter folgendem Pfad:

\000Daten\Finanzen\Jahr\Rechnungsnummer Firmenname

wobei Jahr für das entsprechende Jahr steht. Die Rechnungsnummer wird von TO3000 automatisch vergeben. Ergänzt wird die Rechnungsnummer um den Namen der Firma, an die die Rechnung gestellt wird.

Damit haben Sie in Ihrem Notfallhandbuch genau festgehalten, wo wichtige Daten wie Kundendaten, Aufträge, Auftragsdateien, E-Mails und Rechnungen abgespeichert werden.

5.4 Aufträge

Jetzt kommen wir zum wichtigsten Teil des Notfallhandbuchs: die Aufträge. Rufen Sie sich noch einmal das Ablaufdiagramm aus dem Beginn von Kapitel 4 ins Gedächtnis, nach dem Ihre Vertrauensperson vorgehen sollte. Zunächst einmal sind also nur die Aufträge wichtig, die gerade erst erteilt wurden oder noch nicht fertig sind.

Wenn Sie regelmäßig mehrere Aufträge gleichzeitig zu bearbeiten haben, halte ich es für äußerst sinnvoll, für jeden Auftrag ein Auftragsformular auszudrucken und den Ausdruck auf dem Schreibtisch liegen zu haben (siehe Tipp in Kapitel 4). So können sowohl Sie selbst zu Beginn eines jeden Arbeitstages als auch Ihre Vertrauensperson im Notfall sofort erkennen, ob es offene Aufträge gibt, die noch nicht fertiggestellt sind.

5.4.1 Neue Aufträge

Wenn Sie Ihre Aufträge ausschließlich per E-Mail bekommen, dann müssen Sie hier nur erklären, über welche E-Mail-Adresse(n) Sie Aufträge erhalten können. Die Funktionsweise Ihres E-Mail-Programms haben Sie ja bereits unter 5.2.2 beschrieben.

Falls Sie auch Aufträge per Post erhalten, wie z. B. von Justizbehörden oder Privatpersonen, dann müssen Sie an dieser Stelle Ihres Notfallhandbuchs angeben, wo sich der Schlüssel für den Briefkasten befindet – und bei welchem Postamt Sie ein etwaiges Postfach haben.

5.4.2 Nicht fertige Aufträge

Hierzu zählen alle Aufträge, die Sie bereits angenommen, aber noch nicht geliefert haben. Dabei muss auch ganz klar hervorgehen, ob ein Text nur übersetzt, übersetzt und von einer dritten Person Korrektur gelesen oder lektoriert werden soll, oder ob Sie die Übersetzung an eine Kollegin weitergegeben haben und selbst die Korrektur nach dem Vier-Augen-Prinzip vornehmen.

Beispiel

Nicht fertige Aufträge

In TO3000 unter Kundenaufträge das Feld „Stand" auf „Nicht fertig" setzen (siehe 2.1).

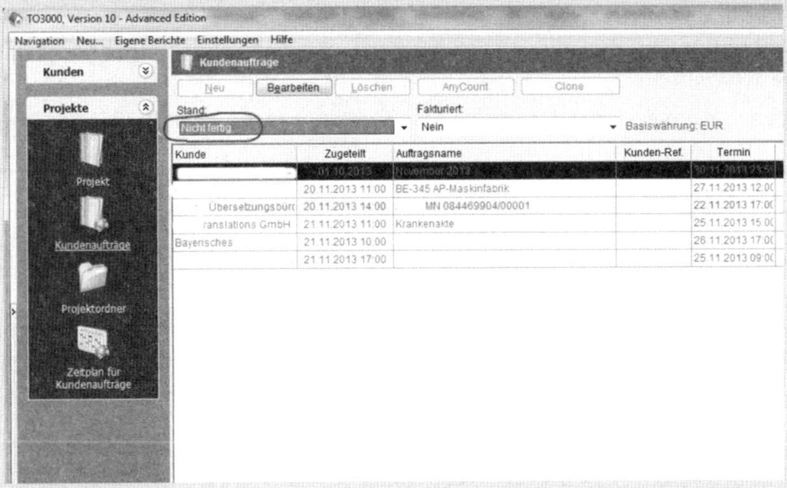

Jetzt zeigt das Fenster alle noch nicht erledigten Aufträge an. Ist ein Auftrag in Blau, so bedeutet dies, dass er noch am selben Tag abzuliefern ist. Ist ein Auftrag in Grün, so liegt der Ablieferungstermin in der Zukunft (morgen oder noch später).

Durch einen Doppelklick auf einen Auftrag öffnet sich ein Fenster mit den genauen Angaben zum Auftrag. Unter anderem sind vier Reiter zu sehen: „Einzelheiten", „Anweisungen", „Arbeitshinweise" und „Eigene Felder".

Unter „Eigene Felder" gibt es den Reiter „Aufträge", wobei die angeführten Felder folgende Bedeutung haben:

- Übersetzung durch ...: Wenn hier etwas eingetragen ist, wird der Auftrag von einem Kollegen übersetzt (siehe 3.1.1)

  Korrektur durch ...: Wenn hier etwas eingetragen ist, wird der Auftrag von einem Kollegen Korrektur gelesen.

  Übersetzung ... begonnen = mit der Übersetzung wurde begonnen

  liegt in Rohfassung vor = Übersetzung ist gemacht, aber nicht Korrektur gelesen

  ist vom Übersetzer geliefert worden = muss von uns Korrektur gelesen werden

Da Ihre Vertrauensperson nicht wissen kann, ob Sie mit der Arbeit an einem erteilten Auftrag bereits begonnen haben oder nicht, müssen Sie dies in irgendeiner Form kenntlich machen und notieren.

Beispiel

Nicht fertige Aufträge, die von uns übersetzt, aber von einem Dritten Korrektur gelesen werden

Aufträge, die von uns übersetzt, aber von einem Dritten Korrektur gelesen werden, tragen im Feld „Korrektur durch ...“ den Namen des Korrektors. Ist die Übersetzung bereits fertig und beim Korrektor, so steht das Feld „Übersetzung“ auf „liegt in Rohfassung vor“. Das bedeutet, dass der Korrektor nur noch Korrektur lesen muss.

► Korrektor benachrichtigen (siehe 5.3). Kunden benachrichtigen (siehe 5.1) und mitteilen, dass die Übersetzung nach Erhalt vom Korrektor sofort weitergeleitet wird.

Ist die Übersetzung noch nicht fertig, so steht das Feld „Übersetzung“ auf „begonnen“.

Korrektor benachrichtigen (siehe 5.3). Kunden benachrichtigen (siehe 5.1), dass Übersetzung begonnen wurde. Entsprechende Datei mitschicken (siehe 3.3).

Sie werden beim Erstellen Ihres eigenen Notfallhandbuchs mit ziemlicher Sicherheit feststellen, dass der Abschnitt über die Aufträge, mit dem wir uns gerade beschäftigen, der aufwendigste Teil ist, da Sie alle Eventualitäten und Sonderfälle beschreiben müssen.

Außerdem kann Ihre Vertrauensperson selbst bei einer Angabe „Übersetzung begonnen“ nicht wissen, wie weit Sie mit der Übersetzung schon sind. Wenn es sich bei der Vertrauensperson nicht um eine Kollegin handelt, die sich mit dem entsprechenden CAT-Tool auskennt, mit dem Sie den Auftrag bearbeiten, so müssen Sie zumindest beschreiben, wo beispielsweise die in Arbeit befindliche, zweisprachige Datei abgespeichert ist.

Bedenken Sie dabei aber, dass sich Ihr Notfallhandbuch kontinuierlich weiterentwickeln wird, und dass Ihnen gerade in diesem Abschnitt nicht gleich alle Sonderfälle einfallen werden. Vielleicht wird Ihnen beim Erstellen Ihres eigenen Notfallhandbuchs auch klar, dass Ihre Geschäftsabläufe bei bestimmten Kunden zu kompliziert angelegt sind. Dann nutzen Sie ganz einfach die Möglichkeit und vereinfachen Sie bestimmte Prozesse.

5.4.3 Fertige Aufträge

Fertige Aufträge sind Aufträge, die der Kunde bereits erhalten hat. An dieser Stelle Ihres Notfallhandbuchs beschreiben Sie, wie Ihre Vertrauensperson erkennen kann, welche Aufträge Sie bereits an den Kunden geliefert, aber noch nicht in Rechnung gestellt haben. Je nachdem wie lange die Notfallsituation andauert, d. h. wie lange Sie ausfallen, muss Ihre Vertrauensperson bereits gelieferte Aufträge in Rechnung stellen (siehe Kap. 5.6).

5.5 Kunden/Lieferanten benachrichtigen

Im Notfall müssen der Kunde sowie evtl. ein Lieferant (also ein Übersetzer, ein Korrektor oder ein Grafiker) benachrichtigt werden, wie es um den entsprechenden Auftrag steht. Unter diesem Punkt Ihres Notfallhandbuchs müssen Sie erläutern, wie Ihre Vertrauensperson die entsprechende E-Mail des Kunden bzw. Lieferanten findet, um diesen jeweils eine entsprechende Antwort-Mail schicken zu können.

Wichtig ist in diesem Zusammenhang, dass Ihre Vertrauensperson die entsprechenden E-Mails mit eigenem Namen zeichnet, sodass es für die jeweiligen Empfänger eindeutig ist, dass nicht Sie selbst, sondern Ihre Vertrauensperson diese E-Mails verschickt.

Tipp

Falls Sie ausländische Kunden haben, mit denen die Kommunikation nur in einer Sprache ablaufen kann, die Ihre Vertrauensperson nicht beherrscht, ist es ratsam, einige fremdsprachige E-Mail-Vorlagen zu erstellen, die Ihre Vertrauensperson dann verwenden kann. Allerdings müssen Sie zu den Vorlagen immer auch eine deutsche bzw. englische Übersetzung beifügen, damit Ihre Vertrauensperson auch weiß, was sie im jeweiligen Fall verschickt.

5.5.1 Kunden

Geben Sie hier genau an, wie Ihre Vertrauensperson feststellen kann, welcher Ansprechpartner oder Projektmanager Ihres Kunden Ihnen den Auftrag erteilt hat. Am einfachsten ist es, die Bestätigungsmail in Ihrem E-Mail-Programm zu kennzeichnen oder in Ihrem Auftragsverwaltungsprogramm Datum und

Uhrzeit dieser E-Mail anzugeben, damit Ihre Vertrauensperson diese sofort finden und auf sie antworten kann.

5.5.2 Lieferanten

Gleiches gilt für Ihre Lieferanten. Wenn Sie vereinbart haben, dass eine Kollegin die Übersetzung anfertigt oder Ihre Übersetzung Korrektur liest, dann müssen Sie die E-Mail, mit der die Kollegin diesen Auftrag bestätigt hat, für Ihre Vertrauensperson auffindbar machen.

Beispiel

Kunden, Übersetzer und Korrektoren benachrichtigen

Im Notfall müssen der Kunde sowie evtl. ein Übersetzer und/oder ein Korrektor benachrichtigt werden.

Wenn man im Fenster „Kundenaufträge" einen Auftrag auswählt und per Doppelklick öffnet, erhält man alle Informationen zu dem betreffenden Auftrag. Unter dem Reiter „Anweisungen" ist festgehalten, durch welche E-Mail der Auftrag erteilt wurde, und zwar mit Datum, Uhrzeit und genauem Betreff aus der Betreffzeile. Außerdem steht hier auch, mit welcher E-Mail ein externer Übersetzer/Korrektur einen Auftrag übernommen hat. Die entsprechende Mail findet man in Opera im Ordner „Ungelesen" (siehe 2.2)

Wenn Ihre Vertrauensperson auf diese Weise alle unfertigen Aufträge abgearbeitet und alle betroffenen Kunden und Lieferanten benachrichtigt hat, dann ist der wichtigste Teil des Notfallmanagements erledigt. Sollten Sie nur wenige Tage ausfallen, z. B. weil Sie wegen einer Aschewolke für ein paar Tage auf irgendeinem Flughafen festsitzen, dann ist die Aufgabe der Vertrauensperson auch schon erledigt.

Sollten Sie jedoch für einen längeren Zeitraum ausfallen, dann muss Ihre Vertrauensperson sich auch um das Erstellen von Rechnungen, das Überprüfen von Zahlungseingängen und eventuell um das Schreiben von Zahlungserinnerungen und Mahnungen kümmern.

5.6 Rechnungen erstellen

Das Erstellen von Rechnungen gehört normalerweise zu den angenehmen Aufgaben, sind sie doch Beweis dafür, dass man – zumindest bei entsprechender Höhe des Rechnungsbetrags – erfolgreich am Markt tätig ist. Doch wenn Sie jetzt mit Block und Bleistift dasitzen, um sich zu notieren, wie das Fakturieren an Ihre zehn wichtigsten Kunden funktioniert, werden Sie schnell feststellen, dass der Teufel wieder einmal im Detail steckt und es hier eine Vielzahl von Möglichkeiten gibt.

Bei einigen Kunden müssen Sie die Rechnung vielleicht in einem eigenen Portal als PDF-Datei hochladen, andere möchten, dass eine elektronische Rechnung an eine bestimmte E-Mail geschickt wird, wieder andere akzeptieren nur Rechnungen per Post.

Bei Unternehmen, die im EU-Ausland ansässig sind, benötigen Sie die USt-IdNr. des Unternehmens, um eine Rechnung ohne MwSt. ausstellen zu können. Bei Privatkunden hingegen müssen Sie die MwSt. auf jeden Fall in Rechnung stellen, egal ob der Kunde in Deutschland oder im Ausland ansässig ist. Wenn Sie hier unsicher sind oder etwas nachschlagen wollen, empfehle ich Ihnen den Steuerleitfaden von Jochen Beer und Enesa Gec (2014), in dem all diese Fälle ausführlich dargestellt werden.

An Privatkunden schicken Sie Übersetzungen von Urkunden samt Rechnungen vielleicht nur per Nachnahme oder Sie lassen die Kunden bei persönlicher Abholung bezahlen, oder Sie haben vereinbart, dass Sie mit dem Übersetzen erst beginnen, wenn der Kunde im Voraus bezahlt hat.

Alles in allem gilt auch in diesem Abschnitt wieder: Je detaillierter Sie die einzelnen Abläufe beschreiben, desto einfacher ist es für Ihre Vertrauensperson, in Ihrem Namen eine Rechnung zu erstellen und an den Empfänger zu schicken. Und ebenso gilt, dass Sie wahrscheinlich feststellen werden, dass einige Abläufe sich vereinfachen lassen – und sei es nur, dass Sie die Rechnungsvorlagen für Ihr Auftragsverwaltungsprogramm vereinheitlichen.

Beispiel

Rechnungen erstellen

Zunächst die entsprechenden Aufträge herausfiltern (siehe 3.2). Dann in TO3000 den Auftrag markieren, den man in Rechnung stellen möchte.

Anschließend unten in der Menüleiste auf „Kunde" klicken. Zunächst ganz links auf den Reiter „Übersicht" klicken. Auf der rechten Seite gibt es ganz unten ein Feld „Allgemeine Informationen", dem man entnehmen kann, ob eine Rechnung per Post (siehe 5.1) oder per E-Mail (siehe 5.2) und an welche E-Mail-Adresse verschickt werden soll. Außerdem ist hier auch die Rechnungsvorlage („RTF-Dokumentvorlage") angegeben. Außerdem kann man hier erkennen, ob eine im EU-Ausland ansässige Firma eine Umsatzsteueridentifikationsnummer hat (neben der Schaltfläche „USt-IdNr:").

Zum Erstellen einer Rechnung auf den Reiter „Rechnungen" und danach auf die Schaltfläche „Neu" (links oben) klicken. Es öffnet sich ein neues Fenster. Links in der Mitte auf die Schaltfläche „Auftrag zur Rechnung hinzufügen" klicken und in dem neuen Fenster auf „Fertige anwählen" und „OK" klicken.

Jetzt sieht man bereits den Rechnungsbetrag und muss nur noch auswählen, ob MwSt. fällig wird. Bei deutschen Firmen und allen Privatkunden (auch ausländischen) muss MwSt. in Rechnung gestellt werden. Alle Firmen innerhalb der EU haben eine Umsatzsteueridentifikationsnummer (siehe oben). Bei diesen Rechnungen sowie bei Rechnungen an ausländische Firmen außerhalb der EU wird keine MwSt. in Rechnung gestellt. Wenn MwSt. in Rechnung gestellt wird, so ist der Satz im Normalfall 19%. Eine Ausnahme sind literarische Übersetzungen u. Ä., für die nur der ermäßigte Steuersatz von 7% in Rechnung gestellt wird.

Nach Auswahl der MwSt. auf „OK" klicken. Damit ist die Rechnung im System gespeichert.

Um die Rechnung verschicken zu können, muss sie mit einem Doppelklick erneut geöffnet werden. Nun muss man unten unter „RTF-Dokumentvorlagen" die für den Kunden geltende Rechnungsvorlage auswählen und rechts daneben auf die (mittlere) Schaltfläche „Speichern & Öffnen" klicken. Es öffnet sich ein neues Fenster „Speichern unter", wo man den Speicherort auswählt. Gespeichert werden Rechnungen unter \Roland Hoffmann\Daten\Finanzen\2013 (bzw. ein entsprechendes Jahr). Der Dateiname besteht aus der vorgegebenen Rechnungsnummer, hinter die noch der Name des Kunden eingegeben wird, also wird z. B. 113213.rtf unter 113213 Huber_DE.rtf gespeichert. Anschließend öffnet sich die Rechnung in Word. Eventuell müssen noch ein paar Schönheitskorrekturen vorgenommen werden.

5.6.1 Rechnung per Post verschicken

Wenn Rechnungen per Post verschickt werden sollen, dann müssen Sie in Ihrem Notfallhandbuch angeben, wo Ihre Vertrauensperson Briefpapier für das Ausdrucken der Rechnungen, Briefumschläge und Briefmarken finden kann. Vielleicht sollten Sie in diesem Zusammenhang auch gleich beschreiben, wie das Briefpapier in den Drucker einzulegen ist, damit die Rechnung richtig ausgedruckt wird.

5.6.2 Rechnung per E-Mail verschicken

Rechnungen, die per E-Mail verschickt werden, sind normalerweise als PDF-Datei abzuspeichern. Erklären Sie auch hier wieder jeden Schritt, wie Sie aus Ihrer Auftragsverwaltung eine Rechnung genieren und in eine PDF-Datei umwandeln – auch wenn Sie Ihre Auftragsverwaltung über eine oder mehrere Excel-Tabellen erledigen.

5.7 Zahlungseingänge überprüfen

Bei den bisher genannten Aufgaben, die Ihre Vertrauensperson im Notfall in Ihrem Namen erledigt, hat sie gegenüber Ihren Kunden bzw. Lieferanten immer zu erkennen gegeben, dass sie in Ihrem Namen handelt, weil Sie selbst für eine gewisse Zeit ausfallen.

Wenn es um Geldgeschäfte geht, auch wenn diese online abgewickelt werden, sollte Ihre Vertrauensperson eine offizielle Kontovollmacht haben, um in Ihrem Namen Geschäfte tätigen zu können.

Tipp

Natürlich können Sie auch zwei Vertrauenspersonen in Ihr Notfallhandbuch einbeziehen: Eine Person (evtl. eine Kollegin), die sich um die Aufträge und die Kunden kümmert, und eine andere Person (beispielsweise Ihr Lebensgefährte oder Ihre Ehefrau), die sich um die finanzielle Seite kümmert und die Zugangsdaten zu Ihrem Konto sowie eine Kontovollmacht erhält.

Damit Ihre Vertrauensperson feststellen kann, ob Rechnungen schon beglichen worden sind, muss sie die entsprechenden Geschäftskonten auf Zahlungseingänge überprüfen. Hierzu benötigt sie die Zugangsdaten zu den jeweiligen Konten.

Da die Banken verschiedene Login-Verfahren verwenden, müssen Sie es für jede Bank gesondert beschreiben. Bedenken Sie bei Banken im Ausland, dass Ihre Vertrauensperson vielleicht nicht die Sprache beherrscht, um die jeweiligen Aufforderungen zu verstehen. Hier ist eine detaillierte Beschreibung essenziell.

Beispiel

Postbankkonto 112233-803

Die Seite der Postbank aufrufen:
https://www.postbank.de/

Links oben unter „Kunden Login" auf „Online-Banking" klicken. Im neuen Fenster unter „Kontonummer" 112233-803 sowie unter „PIN" das in KeePass angegebene Passwort eingeben.

Jetzt kann man unter Umsätze überprüfen, welche Zahlungen eingegangen sind.

Müssen Überweisungen getätigt werden, dann muss man das entsprechende Formular ausfüllen und unten links auf „Freigabe" klicken. Damit fordert man eine SMS an, die an mein Mobiltelefon geschickt wird. Die SMS enthält den Freigabe-Code, den man eingeben muss. Danach erneut auf „Freigabe" klicken.

Dänisches Konto 44556677 bei der Danske Bank/Netbank

Die Seite der Netbank aufrufen:
https://netbank.danskebank.dk/html/index.html?site=DBNB&secsystem=DI

Rechts erscheint ein kleines Fenster, in das man unter „Bruger-id" die in KeePass unter „User name" angegebene 9-stellige NemID-nummer (mit Bindestrichen) eingeben muss. Im Feld „Adgangskode" muss man das „Password" aus KeePass eingeben (man kann es nicht kopieren, nur eingeben).

Danach erscheint ein Fenster, in dem zur Eingabe einer bestimmten TAN-Nummer aufgefordert wird. Hierzu benötigt man die TAN-Karte mit den entsprechenden Nummern. Die Karte ist weiß mit schwarz aufgedruckten Zahlen und befindet sich in der obersten Schreibtischschublade.

Tipp

Bei einem meiner Seminare zum Notfallmanagement hatte ein Teilnehmer einen Tipp, den ich hier gerne weitergebe: Verwenden Sie für das Online-Banking ein gesondertes Prepaid-Mobiltelefon nur für die Freigabe-SMS. Aufgeladen mit einem kleinen Guthaben kann das Mobiltelefon das ganze Jahr über für das Online-Banking verwendet werden, ohne dass Sie Gefahr laufen, dass Ihr Mobiltelefon gehackt wird, da Sie es ja nur einschalten müssen, wenn Sie Überweisungen tätigen oder Daueraufträge anlegen oder verändern wollen.

5.8 Zahlungserinnerungen/Mahnungen

Abhängig davon, wie lange Sie ausfallen, d. h. wie lange eine Notfall-Situation vorliegt, kann es auch erforderlich sein, dass Ihre Vertrauensperson Zahlungserinnerungen oder Mahnungen verschickt.

Auch hier gilt wieder: Beschreiben Sie alles so detailliert wie nötig. Wenn Sie mit einem Auftragsverwaltungsprogramm wie TO 3000 arbeiten, dann ist bei jedem Kunden schon das vereinbarte – bzw. vom Kunden vorgegebene – Zahlungsziel eingetragen. Ansonsten gilt die gesetzliche Fälligkeit nach spätestens 30 Tagen nach Rechnungstellung.

In der Regel werden Sie Ihren säumigen Kunden zunächst eine höfliche Zahlungserinnerung schicken. Hierfür sind vorgefertigte Vorlagen für den Versand einer Zahlungserinnerung per E-Mail und per Brief erforderlich. Sollten Sie auch fremdsprachliche Vorlagen für Zahlungserinnerungen verwenden, dann müssen Sie diese so kennzeichnen, dass Sie Ihre Vertrauensperson findet und versteht. Eventuell können Sie diese auch im Wortlaut mit Übersetzung in Ihrem Notfallhandbuch abdrucken.

Tipp

Um all diese Vorlagen für Zahlungserinnerungen, Rechnungen etc. an einem Ort zu bündeln, könnten Sie sie auf einem USB-Stick speichern, den Sie Ihrem Notfallhandbuch beilegen. So hat Ihre Vertrauensperson immer alles sofort zur Hand.

Dieselbe Vorgehensweise gilt für Ihre Mahnungen: Detailliert beschreiben und entsprechende Vorlagen erstellen.

Leider gibt es immer wieder Kunden, die trotz Zahlungserinnerung und Mahnung(en) nicht zahlen. Sie selbst müssen in so einem Fall überlegen, ob Sie ein offizielles Mahnverfahren einleiten. Ihre Vertrauensperson kann diese Maßnahme in Ihrem Namen nur dann ergreifen, wenn sie über eine offizielle Geschäftsvollmacht verfügt.

5.9 Sonstige Anweisungen

Ein Notfall tritt immer dann ein, wenn Sie aufgrund einer Erkrankung, einer Operation, eines Unfalls oder einer unfreiwilligen Abwesenheit nicht in der Lage sind, Ihr Geschäft selbst zu führen.

In letzter Konsequenz müssen Sie auch Vorkehrungen für den Fall Ihres Todes treffen. Für Ihre Vertrauensperson bedeutet dies, dass Kunden und Lieferanten über Ihr Ableben unterrichtet, alle Aufträge zurückgegeben und alle erledigten Aufträge in Rechnung gestellt werden müssen. Es müssen aber auch Mitgliedschaften gekündigt, Webseiten aufgelöst und Präsenzen in sozialen Netzen gelöscht werden.

Dies funktioniert nur, wenn Ihre Vertrauensperson eine schriftliche Vollmacht von Ihnen besitzt, diese Handlungen auch vornehmen zu dürfen. Ferner ist für all diese Aufgaben meist auch eine Sterbeurkunde erforderlich.

Die Auflistung in diesem Abschnitt über wichtige Bereiche, die nicht vergessen werden sollten, ist aber nicht erschöpfend, da die individuellen Situationen der dolmetschenden und übersetzenden Kolleginnen und Kollegen zu unterschiedlich sind. Sie soll Sie vielmehr zum Nachdenken anregen, in welchen Bereichen in Ihrem Fall Handlungen vorzunehmen sind.

5.9.1 Mitgliedschaften

Sie sind Mitglied in Berufsverbänden wie BDÜ, VdÜ oder tekom? Dann müssen Sie hier Ihre Mitgliedschaften auflisten und auch die Verbandsadresse angegeben, an die eine Kündigung zu schicken ist. Zweckmäßigerweise geben Sie die Internetadresse des jeweiligen Verbandes an, von der sich Ihre Vertrauensperson dann die jeweiligen aktuellen Verbandsadressen holen kann.

5.9.2 Eigene Webseiten

Hier geben Sie an, welche eigenen Webseiten Sie haben und wo diese gehostet sind bzw. gekündigt werden müssen.

5.9.3 Webseiten mit Beteiligung

Vielleicht sind Sie an Internetauftritten wie z. B. von Regional- oder Spachgruppen im BDÜ beteiligt? Dann geben Sie hier an, wer der jeweilige Administrator/Webmaster ist, bei dem Ihre Vertrauensperson Ihre Beteiligung kündigen muss.

5.9.4 E-Mail-Konten

Wenn Sie mit E-Mail-Adressen arbeiten, die nicht an Ihre eigene Webseite gekoppelt sind, z. B. english-translator@gmx.de, dann müssen Sie diese E-Mail-Adressen ebenfalls hier angeben und gegebenenfalls auf Ihren Passwort-Safe verweisen, in dem die entsprechenden Zugangsdaten gespeichert sind.

5.9.5 Soziale Netze

Sie haben ein Profil in Xing oder LinkedIn, sind auf ProZ.com, Facebook oder anderen sozialen Netzen registriert? Dann geben Sie hier all ihre Netzaktivitäten an und beschreiben Sie, wie diese Profile gelöscht werden können. Manchmal reicht auch ein einfacher Hinweis auf Ihren Passwort-Safe:

Beispiel

Soziale Netze

Alle sozialen Netze, in denen ich aktiv bin, stehen in KeePass unter „Soziale Netze". Dort finden sich auch alle Passwörter.

5.9.6 Abonnements

Wahrscheinlich haben Sie Fachzeitschriften abonniert, oder Sie haben Fachwörterbücher in einer Online-Version, für die Sie jährliche Nutzungsgebühren bezahlen. Oder aber Sie besitzen eine BahnCard, die sich automatisch um ein Jahr verlängert, wenn sie nicht gekündigt wird. In all diesen Fällen muss Ihre Vertrauensperson die Abonnements kündigen können, wofür sie die entsprechenden Verfahren und Vorgehensweisen kennen muss.

Fazit

Sie haben das gesamte Kapitel 5 durchgearbeitet und halten jetzt die erste Version Ihres Notfallhandbuchs in der Hand. Vielleicht haben Sie beim Beschreiben der verschiedenen Abläufe festgestellt, dass Sie gewisse Dinge zu kompliziert angehen oder Aufgaben doppelt erledigen. Dann haben Sie jetzt die Gelegenheit, Ihre Geschäftsabläufe zu vereinfachen, indem Sie beispielsweise alle Kundendaten in einem Auftragsverwaltungsprogramm speichern oder einen Passwort-Safe einrichten, mit dem Sie all Ihre Passwörter – auch die privaten – verwalten können. Setzen Sie diese Änderungen gleich um. Drucken Sie Ihr Notfallhandbuch aus und gehen Sie es mit Ihrer Vertrauensperson durch. Nutzen Sie Fragen Ihrer Vertrauensperson dazu, das Notfallhandbuch noch zu verbessern. Wenn Sie die fertige Version haben und Ihre Vertrauensperson weiß, wo Ihr Notfallhandbuch zu finden ist, dann haben Sie es erst einmal geschafft. Vergessen Sie aber nicht, Ihr Notfallhandbuch zu ändern, wenn Sie beispielsweise auf ein anderes E-Mail-Programm umsteigen oder Ihre Sicherungskopien auf andere Weise erstellen.

6 Sicherungskopien

Das regelmäßige Sichern der eigenen Daten ist heutzutage eine Selbstverständlichkeit. Welche Sicherungsstrategie Sie dabei verfolgen, hängt zum einen von Ihrer Systemstruktur und zum anderen von Ihrem Sicherheitsbedürfnis ab. 100-prozentige Sicherheit gibt es leider nicht, da theoretisch auch mehrere parallel auf verschiedenen Medien angelegte Sicherungskopien gleichzeitig ausfallen könnten – wenn auch die Wahrscheinlichkeit hierfür sehr gering ist (es sei denn Sie lagern alle Sicherungskopien zusammen mit Ihrem Computer in Ihrem Büro, und dieses brennt aus).

Grundsätzlich gilt natürlich: Je häufiger Sie eine Sicherung Ihrer Daten vornehmen, desto weniger Daten werden Sie bei einem Ausfall Ihres Systems verlieren. Arbeitsdaten sollten bei laufendem Betrieb parallel auf einer externen Festplatte oder zumindest einmal täglich gesichert werden. Komplette Systemsicherungen sollten Sie zumindest alle zwei Wochen durchführen – auch abhängig davon, wie häufig Sie Änderungen an Ihrem System vornehmen, also neue Programme aufspielen, Einstellungen in Programmen vornehmen etc.

Speichermedien sind heutzutage so günstig, dass der Preis kein Entscheidungskriterium mehr darstellt, wie eine Datensicherung durchzuführen ist. Wichtiger ist Ihre Systemstruktur, d. h. ob Sie mit einem Computer arbeiten oder mehrere Rechner verwenden, die eventuell synchronisiert werden müssen. Vielleicht liegen Ihre Daten auch auf einen Server bei Ihnen im Büro oder bei einem Provider, oder Sie speichern Ihre Daten auf einen Online-Server, um jederzeit und von jedem Ort aus auf sie zugreifen zu können.

Für die Sicherungsstrategie gibt es sehr viele verschiedene Möglichkeiten. Sie müssen sich auf der Grundlage Ihres Geschäfts für ein Sicherungsverfahren entscheiden, das für Sie praktisch umsetzbar, nicht zu aufwendig im Handling ist, mehr oder weniger automatisch abläuft und Ihnen ein ausreichendes Maß an Sicherheit bietet.

Tipp

Wenn Sie einen Kollegen aus der Branche als Vertrauensperson haben, dann ist es von Vorteil, wenn Sie und Ihre Vertrauensperson dasselbe Programm für die Sicherung Ihrer jeweiligen Daten verwenden. So ist Ihre Vertrauensperson bereits mit der Handhabung des Programms vertraut.

Wenn Sie Ihre Sicherungsstrategie gewählt haben, müssen Sie diese nur noch in Ihrem Notfallhandbuch beschreiben. Dabei sollten Sie auch das Zurückspielen der Sicherungskopie auf den Computer oder einen neuen Rechner nicht vergessen. Am besten wäre es, dies auch schon einmal getestet zu haben, um sich zu vergewissern, dass dies im Notfall auch funktioniert.

Fazit

Das Anlegen von Sicherungskopien ist neben dem Notfallhandbuch und dem Passwort-Safe der dritte wichtige Baustein im Notfallmanagement. Doch aktuelle Sicherungskopien sind auch für Ihren ganz normalen Geschäftsablauf sehr wichtig – egal, ob Sie versehentlich eine wichtige Datei gelöscht haben, ein Virus Ihren Computer lahmlegt oder der Rechner aus irgendeinem anderen Grund seinen Geist aufgibt.

7 Ausblick

Sinn und Zweck des Notfallhandbuchs ist es, Ihre Vertrauensperson in die Lage zu versetzen, Ihr Geschäft im Notfall für einen gewissen Zeitraum weiterzuführen. Wie ich in Abschnitt 5.9 schon erwähnt habe, muss Ihr Notfallhandbuch aber auch den Fall Ihres Todes und die dann zu ergreifenden zusätzlichen Maßnahmen berücksichtigen.

In diesem Zusammenhang bietet es sich an, dass Sie sich auch mit Themen wie Vorsorgevollmacht, Betreuungs- und Patientenverfügung sowie Testament beschäftigen. Diese Themen haben zwar mit Ihrem Geschäft nichts zu tun und müssen im Notfallhandbuch auch nicht behandelt werden. Allerdings können Sie die genannten Dokumente gemeinsam mit dem Notfallhandbuch aufbewahren, oder Sie können im Notfallhandbuch zumindest angeben, wo die Dokumente zu finden sind.

Für die folgenden, kurzen Beschreibungen der verschiedenen Begriffe habe ich das Buch von Matthias Winkler (2014) sowie die Broschüre der Verbraucherzentrale NRW (2012) genutzt.

7.1 Patientenverfügung

In einer Patientenverfügung können Sie vorsorglich bestimmen, welche medizinischen Behandlungen Sie wünschen oder nicht wünschen, wenn Sie in der betreffenden Situation, z. B. weil Sie nach einem Unfall im Koma liegen, nicht mehr in der Lage sind, sich selbst zu äußern.

Die Patientenverfügung ist eine Richtlinie für Ärzte und Pflegepersonal, welche Behandlungen Sie zu dem Zeitpunkt ablehnen und welche Sie zulassen würden, zu dem Sie die Patientenverfügung aufgesetzt und unterschrieben haben.

7.2 Vorsorgevollmacht

In der Vorsorgevollmacht können Sie eine Vertrauensperson benennen, die für Sie Entscheidungen in bestimmten Lebensbereichen trifft, also z. B. Bankgeschäfte, medizinische Behandlungen, Bestimmung des Wohnortes. Es ist auch möglich, für verschiedene Bereiche unterschiedliche Vertrauenspersonen zu bevollmächtigen.

Sinnvoll ist dabei, dass Sie mit der Vertrauensperson, die für Sie beispielsweise bei einer Demenzerkrankung eine Entscheidung über eine medizinische Behandlung trifft, im Vorfeld auch über Ihre Patientenverfügung gesprochen haben, damit die Vertrauensperson Ihre Wünsche kennt und berücksichtigen kann.

Wenn Sie nicht mehr in der Lage sind, Ihre Angelegenheiten selbst zu regeln, und Sie keine Vorsorgevollmacht erstellt haben, kann das Gericht eine Betreuung für Sie anordnen.

7.3 Betreuungsverfügung

In einer Betreuungsverfügung bevollmächtigen Sie eine andere Person, Sie in rechtlichen Angelegenheiten zu vertreten. Benötigt wird diese Betreuungsverfügung nur, falls für Sie vom Gericht gemäß § 1896 BGB eine gesetzliche Betreuung angeordnet wird.

Mit der Betreuungsverfügung können Sie dem Gericht sozusagen im Voraus mitteilen, wen Sie sich als Betreuer wünschen. Das Gericht kann sich über Ihren Wunsch allerdings hinwegsetzen, wenn es der Ansicht ist, dass die von Ihnen bevollmächtigte Person nicht geeignet ist.

7.4 Testament

In einem Testament bestimmen Sie, was mit Ihrem Nachlass im Falle Ihres Todes passieren soll. Sie können ein eigenhändiges Testament errichten, d. h. Sie müssen das Testament eigenhändig und handschriftlich abfassen und unterschreiben. Sie können Ihr Testament aber auch als notarielles Testament errichten, also einem Notar Ihren letzten Willen erklären.

Um sich darüber zu informieren, welche Vor- und Nachteile die jeweiligen Formen haben und was bei der Errichtung eines Testaments zu berücksichtigen ist, empfehle ich Ihnen , einen aktuellen Ratgeber zu diesem Thema zu Rate zu ziehen, beispielsweise das Lexikon zum Erbrecht von Karl Winkler (2013).

Fazit

Wichtig für Ihr Geschäft als Dolmetscher oder Übersetzerin ist die Vorsorgevollmacht, mit der Sie eine Vertrauensperson bevollmächtigen können, Ihr Geschäfte abzuwickeln bzw. Sie in rechtlichen Angelegenheiten zu vertreten, wenn Sie nicht mehr dazu in der Lage sind.

Sollten Sie jedoch nur vorübergehend ausfallen, weil Sie irgendwo im Ausland festsitzen, dann greift eine Vorsorgevollmacht nicht. Mithilfe des Notfallhandbuchs kann Ihre Vertrauensperson Ihr Geschäft aber zumindest kurzfristig weiterführen. Eine Geschäftsvollmacht, in der geregelt ist, was Ihre Vertrauensperson alles tun kann, empfiehlt sich trotzdem. Lassen Sie sich hierzu von einem Rechtsanwalt oder Notar beraten.

8 Anhang: Muster eines Notfallhandbuchs

Notfall-Handbuch
Roland Hoffmann

Vorwort

Das Notfallhandbuch habe ich erstellt, damit im Falle meines Todes oder einer schweren Krankheit jemand mein Geschäft als Übersetzer und Dolmetscher vorübergehend weiterführen bzw. abwickeln kann.

Inhalt

5 Kunden, Übersetzer und Korrektoren benachrichtigen

5.1 Kunden

5.2 Übersetzer

5.3 Korrektor

6 Rechnungen erstellen

6.1 Rechnung per Post verschicken

6.2 Rechnung per E-Mail verschicken

7 Zahlungseingänge überprüfen

7.1 Postbankkonto 112233-803

7.2 Dänisches Konto 44556677 bei der Danske Bank/Netbank

8 Zahlungserinnerungen/Mahnungen

9 Sonstige Anweisungen

9.1 Mitgliedschaften

9.1.1 BDÜ (Bundesverband der Dolmetscher und Übersetzer)
9.1.2 VdÜ (Verband deutschsprachiger Übersetzer literarischer und wissenschaftlicher Werke)
9.1.3 MÜF (Münchner Übersetzerforum)
9.1.4 Lyrik Kabinett

9.2 Eigene Webseiten

9.3 Webseiten, an denen ich beteiligt bin

9.4 Soziale Netze

1 Vorbereitung

An den Schreibtisch setzen. Nur so stimmen die Erklärungen, ob etwas rechts oder links zu finden ist.

1.1 Computer einschalten

Den Deckel des Laptops hochklappen und durch Drücken der Einschalttaste links oben über der Tastatur den Computer einschalten. Dann abwarten bis das Betriebssystem Windows 7 hochgefahren ist und die Benutzerkonten angezeigt werden.

1.2 Benutzerkonto auswählen

Die Schaltfläche (das Konto) „Roland Hoffmann" anklicken und das Kennwort fidesdfalg eingeben und auf „Enter" drücken oder auf den Pfeil rechts neben der Eingabe klicken. Abwarten bis der Desktop mit allen Symbolen erscheint.

2 Wichtige Programme

Rechts unten auf der Desktop-Oberfläche sind die im Notfall wichtigsten Programme zusammengestellt:

2.1 Translation Office 3000 ist das Auftragsverwaltungsprogramm

Dieses Programm wird im Folgenden mit TO3000 abgekürzt. Mit einem Doppelklick auf das Symbol von TO3000 wird das Programm geöffnet.

In der linken Menüspalte unter „Projekte" auf „Kundenaufträge" klicken. Dann im Auswahlfenster unter „Fakturiert" den Punkt „Nein" auswählen.

Wenn man im Fenster „Kundenaufträge" einen Auftrag auswählt und per Doppelklick öffnet, erhält man alle Informationen zu dem betreffenden Auftrag. Unter dem Reiter „Einzelheiten" stehen Auftragsname (Name), Art der Tätigkeit (Gruppe) und die Dienstleistung (z.B. die Sprachrichtung) sowie die Daten zur Abrechnung nach Volumen oder Festpreis.

Wenn man im Auswahlfenster „Stand" den Punkt „Nicht fertig" auswählt, erhält man alle Aufträge, die noch nicht fertig sind, d. h. die der Kunde noch nicht vollständig zurückerhalten hat (weiter bei 3.1).

Wenn man im Auswahlfenster „Stand" den Punkt „Fertiggestellt" auswählt, erhält man alle Aufträge, die der Kunde vollständig zurückerhalten hat, die jedoch noch nicht in Rechnung gestellt worden sind (weiter bei 3.2).

Wenn man die Dateien auffinden möchte, die zu einem Auftrag gehören, ist die Spalte ganz rechts wichtig: „Projekt-Code". Das ist die Auftragsnummer, unter der alle Daten abgespeichert sind (siehe 3.2).

2.2 Opera enthält alle E-Mails

Alle geschäftsrelevanten E-Mails sind in Opera gespeichert. Das Programm lässt sich durch einen Doppelklick öffnen. In der Spalte ganz links muss man den Briefumschlag anklicken, dann befindet man sich im Bereich E-Mail. Durch Klicken auf „Ungelesen" in der Spalte daneben erhält man alle E-Mails, die in irgendeiner Weise eine Handlung erfordern bzw. mit denen ein Auftrag erteilt wurde. In der mittleren Spalte sind alle E-Mails, die „Ungelesen" sind, in chronologischer Reihenfolge aufgelistet, wobei die neuesten Mails immer ganz oben stehen. In der ganz rechten Spalte sieht man den Text der gerade ausgewählten E-Mail.

Zum Beantworten einer E-Mail markiert man die betreffende E-Mail in der mittleren Spalte, indem man einmal darauf klickt. Dann kann man entweder auf der Tastatur auf „R" drücken oder auf den nach links weisenden Pfeil in der Menüzeile über dem E-Mail-Text.

In beiden Fällen öffnet sich ein Fenster mit der Antwortmail, in die bereits die Absenderadresse, die Empfängeradresse und der Betreff eingetragen sind. Außerdem ist der Text der ursprünglichen Mail zu sehen. Jetzt einfach die Antwort eingeben.

Zum Abschicken der E-Mail oben links auf „Senden" klicken.

2.3 KeePass ist der Passwort-Safe

KeePass ist das Programm, das alle Passwörter zu Kundenservern, Konten etc. enthält. Durch einen Doppelklick auf das Symbol erscheint die Maske zum Einloggen, in die man das Master Password eingeben muss. Das Master Password lautet: wrssdnuwDKeidvmsk

2.4 Acronis True Image zur Sicherung der Daten

Dieses Programm wird zur Erstellung einer Sicherungskopie bzw. deren Rücksicherung verwendet.

Durch einen Doppelklick auf das Symbol öffnet sich das Programm. In der Übersicht werden alle vorhandenen Backups angezeigt, wobei das jüngste Backup ganz oben steht.

Ein neues Backup kann auf zweierlei Weise angestoßen werden: Einerseits durch Klicken auf die Schaltfläche „Backup jetzt“ in einem vorhandenen Backup – dabei werden die Einstellungen eben dieses Backups verwendet. Andererseits durch Klicken auf „Backup von Laufwerken und Volumes“, wobei hier die zu sichernden Dateien bzw. Verzeichnisse anzuklicken, das Speicherziel anzugeben sowie ein Name für das Backup zu vergeben ist.

Ein Zurückspielen eines bestimmten Backups erfolgt über die Schaltfläche „Recovery“ in einem vorhandenen Backup. Im Normalfall ist hier das jüngste Backup zu verwenden, es sei denn, man möchte einen früheren Zustand des Systems wiederherstellen.

3 Dateistruktur im Computer

3.1 Kundendaten

Alle Kundendaten sind im Programm TO3000 gespeichert (siehe 2.1). In der unteren Menüleiste findet sich als zweiter Punkt von links der Eintrag „Springen". Wenn man hier auf „Kunde" klickt, kommt man in den Kundenbereich.

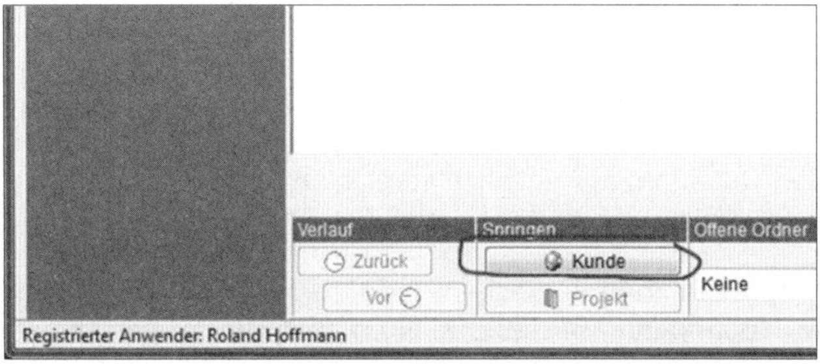

Der Haupteintrag zum Kunden steht auf dem ganz linken Reiter „Übersicht". Hier kann man in der linken Spalte den entsprechenden Kunden mit einem Mausklick auswählen und findet rechts Name, Adresse und Kundenwährung sowie im Fenster unten rechts „Allgemeine Informationen" u. a. Angaben zur Rechnungsstellung.

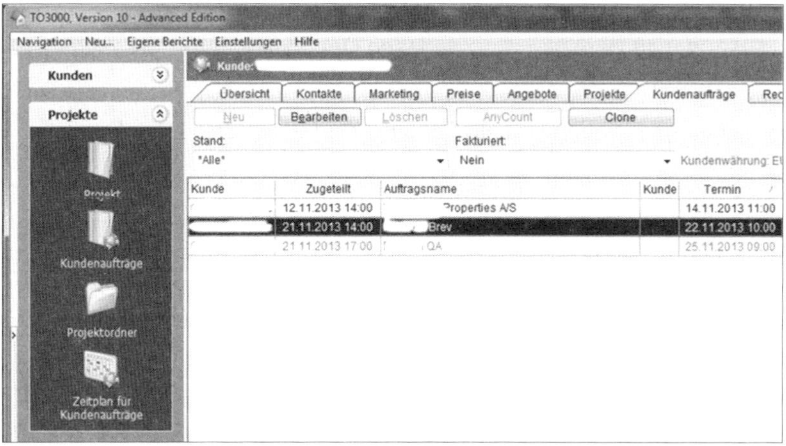

Unter „Projekte" finden sich alle Projekte für diesen Kunden. Ein Projekt ist mehr oder weniger ein Auftrag. Allerdings kann ein Projekt mehrere „Kundenaufträge" enthalten, z. B. Übersetzen und Korrekturlesen, wenn das jeweils von unterschiedlichen Personen ausgeführt wird. Zum Anlegen eines neuen Projekts klickt man oben links auf „Neu" und gibt dann als „Projektname" den Auftragsnamen oder die Auftragsnummer ein. Unter „Zugeordnet" links unten gibt man Datum und Uhrzeit der Auftragserteilung ein. Bei einem per E-Mail erteilten Auftrag entspricht dies dem Eingangsdatum der E-Mail, wobei bei der Uhrzeit die nächste volle Stunde angegeben wird. Wenn also die E-Mail um 11:47 eingeht, wird unter „Zugeordnet" 12:00 Uhr angegeben. Unter „Termin" rechts daneben wird entsprechend der mit dem Kunden vereinbarte Abgabetermin eingetragen. Bei Aufträgen, die per Post verschickt werden müssen, ist hier für den entsprechenden Tag 17:00 Uhr einzutragen, da um diese Uhrzeit der Briefkasten geleert wird. Beim Anlegen eines Auftrags wird automatisch ein Code vergeben, der auch für alle Kundenaufträge gilt, die unter dieses Projekt fallen. **Wichtig**: Dieser Projekt Code ist meine Auftragsnummer.

Unter „Kundenaufträge" finden sich alle Aufträge für diesen Kunden. Im Feld „Stand" kann man zwischen verschiedenen Optionen wählen, die wichtigsten sind „Fertiggestellt" und „Nicht fertig". Im Feld „Fakturiert" kann man einstellen, ob man „Alle" Aufträge sehen möchte, die die schon in Rechnung gestellt sind („Ja") oder nicht in Rechnung gestellt sind („Nein"). Dabei ist zu beachten, dass das Feld „Fakturiert" eine Unterauswahl von „Stand" darstellt.

Unter „Rechnungen" finden sich alle Rechnungen für diesen Kunden. Im Feld „Stand" kann man zwischen verschiedenen Optionen wählen, die wichtigsten sind „Ausstehend" und „Alle".

Unter „Zahlungen" finden sich alle Zahlungseingänge von diesem Kunden.

3.2 Aufträge

Alle Aufträge werden im Programm TO3000 angelegt (siehe 3.1). Beim Anlegen eines neuen Auftrags wird vom Programm automatisch ein Projekt-Code vergeben, der die Auftragsnummer darstellt.

Wenn man in TO3000 in der linken Spalte unter „Projekte" auf „Kundenaufträge" klickt, kann man im Feld „Stand" wählen, ob man sich „Alle" Aufträge anzeigen lassen will, oder nur diejenigen, die „Nicht fertig" oder „Fertiggestellt" sind (alle anderen Optionen werden nicht benötigt). Diese Auswahl kann man im Feld „Fakturiert" noch verfeinern.

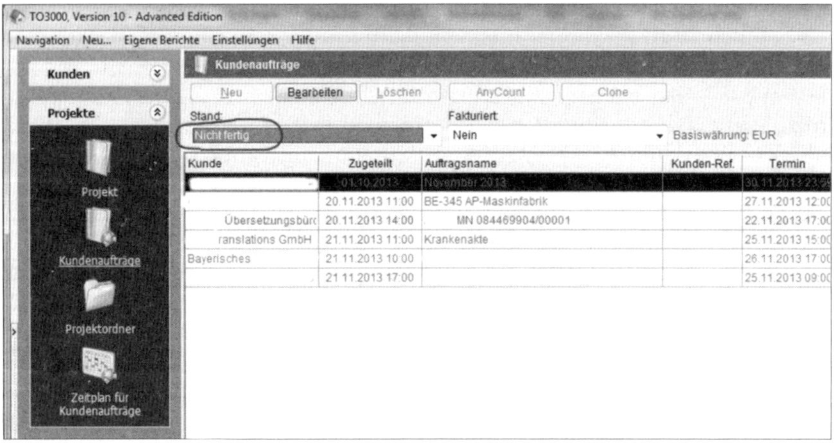

3.3 Auftragsdateien

Alle Dateien, die zu einem Auftrag gehören (und meist per E-Mail gekommen sind), werden nach folgendem Muster abgelegt:

3.3.1 Aufträge von Firmen

... stehen unter:

\000Daten\Uebersetzung\Firmen\Firmenname_XX\1234_abcdefg

wobei Firmenname für den Kunden und XX für das Land steht, aus dem der Kunde stammt, also z. B. Huber_DE für die Firma Huber GmbH aus Deutschland. 1234 ist die Auftragsnummer (Projekt-Code) aus TO3000 und abcdefg steht für die Bezeichnung des Auftrags. Bei manchen Kunden stehen hier eine Auftragsnummer des Kunden und dann z. B. der Name des Endkunden. Beispiel: 2851_4444-03-Meier ist der Auftrag mit meiner Auftragsnummer 2851, mit der die Kundenauftragsnummer 4444-03 für die Firma Meier abgedeckt wird.

3.3.2 Aufträge von Gerichten, Rechtsanwälten, Polizei

... stehen unter:

\000Daten\Uebersetzung\Justiz\Stadt Gericht\1234_AZ

wobei Stadt für den Ort des Gerichts und Gericht für die Art des Gerichts steht, also z. B. München AG für das Amtsgericht München. 1234 ist die Auftragsnummer (Projekt-Code) aus TO3000 und AZ steht für das Aktenzeichen des Gerichts.

Bei Aufträgen von Rechtsanwälten steht anstelle des Gerichts „RA xxx", also RA für Rechtsanwalt und der Name des Anwalts.

Bei Aufträgen von der Polizei stehen die Stadt und der Name der Polizeibehörde, also z. B. München Polizeipräsidium oder einfach Bundespolizei, Justizministerium etc.

3.3.3 Aufträge von Privatpersonen

… stehen unter

\000Daten\Uebersetzung\Privat\1234_Vorname-Name

wobei 1234 die Auftragsnummer (Projekt-Code) aus TO3000 ist und Vorname-Name für Vorname und Nachname des Privatkunden steht. In TO3000 sind alle Privatkunden wie folgt angelegt: PRIV – Vorname Name. Dies hat den Vorteil, dass man alle Privatkunden herausfiltern kann, sodass sie nicht angezeigt werden (was die Anzahl der angezeigten Kunden verringert). Wenn allerdings ein Auftrag für einen Privatkunden noch zu erledigen ist, dann ist dieser Filter ausgeschaltet. Zum Ein- und Ausschalten verwendet man in TO3000 in der unteren Menüleiste den zweiten Punkt von rechts „Lokaler eigener Filter". Durch Anklicken der rechten Schaltfläche („Recent" erscheint, wenn man den Mauszeiger darauf hält) werden die Privatkunden ausgeblendet, durch Anklicken der mittleren Schaltfläche („Off") werden die Privatkunden eingeblendet (der Filter ist also ausgeschaltet, daher „Off").

3.4 E-Mails

Alle E-Mails stehen in Opera (siehe 2.2).

3.5 Rechnungen

Alle Rechnungen werden mit TO3000 erstellt (siehe Kap. 6).

Die erstellten Rechnungen werden vor dem Ausdrucken abgespeichert, und zwar unter folgendem Pfad:

\000Daten\Finanzen\Jahr\Rechnungsnummer Firmenname

wobei Jahr für das entsprechende Jahr steht. Die Rechnungsnummer wird von TO3000 automatisch vergeben. Ergänzt wird die Rechnungsnummer um den Namen der Firma, an die die Rechnung gestellt wird.

4 Aufträge

Zunächst ist es wichtig, sich um die Aufträge zu kümmern, die gerade erst erteilt wurden oder noch nicht vollständig erledigt sind.

4.1 Neue Aufträge

Hier muss zunächst in Opera überprüft werden, ob neue Aufträge eingegangen sind. Wenn ja, dann den Kunden benachrichtigen (siehe 2.2).

4.2 Nicht fertige Aufträge

In TO3000 unter Kundenaufträge das Feld „Stand" auf „Nicht fertig" setzen (siehe 2.1).

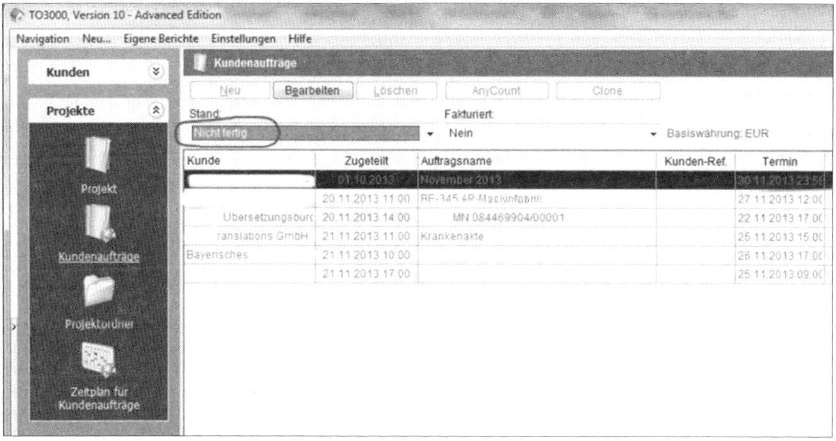

Jetzt zeigt das Fenster alle noch nicht erledigten Aufträge an. Ist ein Auftrag in Blau, so bedeutet dies, dass er noch am selben Tag abzuliefern ist. Ist ein Auftrag in Grün, so liegt der Ablieferungstermin in der Zukunft (morgen oder noch später).

Durch einen Doppelklick auf einen Auftrag öffnet sich ein Fenster mit den genauen Angaben zum Auftrag. Unter anderem sind vier Reiter zu sehen: „Einzelheiten", „Anweisungen", „Arbeitshinweise" und „Eigene Felder".

Unter „Eigene Felder" gibt es den Reiter „Aufträge", wobei die angeführten Felder folgende Bedeutung haben:

- Übersetzung durch ... : Wenn hier etwas eingetragen ist, wird der Auftrag von einem Kollegen übersetzt (siehe 3.1.1)
- Korrektur durch ...: Wenn hier etwas eingetragen ist, wird der Auftrag von einem Kollegen Korrektur gelesen.
- Übersetzung ... begonnen = mit der Übersetzung wurde begonnen
  ... liegt in Rohfassung vor = Übersetzung ist gemacht, aber nicht Korrektur gelesen
  ... ist vom Übersetzer geliefert worden = muss von uns Korrektur gelesen werden

4.2.1 Nicht fertige Aufträge, die von einem Dritten erledigt werden

Aufträge, die von einem Dritten übersetzt werden, tragen im Feld „Übersetzung durch ..." den Namen des Übersetzers. Ist die Übersetzung bereits zurückgekommen, so steht das Feld „Übersetzung" auf „ist vom Übersetzer geliefert worden". Das bedeutet, dass nur noch Korrektur gelesen werden muss.

➔ Kunden benachrichtigen (siehe 5.1) und die Übersetzung schicken mit der Anmerkung, dass sie nicht Korrektur gelesen ist.

Ist die Übersetzung noch nicht zurückgekommen, so steht das Feld „Übersetzung" auf „begonnen".

➔ Übersetzer benachrichtigen (siehe 5.2). Kunden benachrichtigen (siehe 5.1) und mitteilen, dass die Übersetzung nach Erhalt vom Übersetzer unkorrigiert sofort weitergeleitet wird.

4.2.2 Nicht fertige Aufträge, die von uns übersetzt, aber von einem Dritten Korrektur gelesen werden

Aufträge, die von uns übersetzt, aber von einem Dritten Korrektur gelesen werden, tragen im Feld „Korrektur durch ..." den Namen des Korrektors. Ist die Übersetzung bereits fertig und beim Korrektor, so steht das Feld „Übersetzung" auf „liegt in Rohfassung vor". Das bedeutet, dass der Korrektor nur noch Korrektur lesen muss.

➔ Korrektor benachrichtigen (siehe 5.3). Kunden benachrichtigen (siehe 5.1) und mitteilen, dass die Übersetzung nach Erhalt vom Korrektor sofort weitergeleitet wird.

Ist die Übersetzung noch nicht fertig, so steht das Feld „Übersetzung" auf „begonnen".

➔ Korrektor benachrichtigen (siehe 5.3). Kunden benachrichtigen (siehe 5.1), dass Übersetzung begonnen wurde. Entsprechende Datei mitschicken (siehe 3.3).

4.2.3 Nicht fertige Aufträge, die von uns komplett erledigt werden

Aufträge, die von uns komplett erledigt werden, haben weder im Feld „Übersetzung durch ..." noch im Feld „Korrektur durch ..." einen Eintrag. Im Feld „Übersetzung" lässt sich ablesen, ob die Übersetzung „begonnen" wurde oder „in Rohfassung vorliegt".

➔ Kunden benachrichtigen (siehe 5.1) und mitteilen, dass Übersetzung begonnen wurde bzw. unkorrigiert vorliegt. Entsprechende Datei mitschicken (siehe 3.3).

Wenn auch das Feld „Übersetzung" leer ist, wurde mit der Übersetzung noch nicht begonnen.

➔ Kunden benachrichtigen (siehe 5.1) und mitteilen, dass mit der Übersetzung noch nicht begonnen wurde.

4.3 Fertige Aufträge

Fertige Aufträge sind Aufträge, die der Kunde bereits erhalten hat. In TO3000 unter Kundenaufträge das Feld „Stand" auf „Fertiggestellt" und das Feld „Fakturiert" auf „Nein" setzen (siehe 2.1). Alle jetzt angezeigten Aufträge können in Rechnung gestellt werden (siehe 6).

5 Kunden, Übersetzer und Korrektoren benachrichtigen

Im Notfall müssen der Kunde sowie evtl. ein Übersetzer und/oder ein Korrektor benachrichtigt werden.

Wenn man im Fenster „Kundenaufträge" einen Auftrag auswählt und per Doppelklick öffnet, erhält man alle Informationen zu dem betreffenden Auftrag. Unter dem Reiter „Anweisungen" ist festgehalten, durch welche E-Mail der Auftrag erteilt wurde, und zwar mit Datum, Uhrzeit und genauem Betreff aus der Betreffzeile. Außerdem steht hier auch, mit welcher E-Mail ein externer Übersetzer/Korrektur einen Auftrag übernommen hat. Die entsprechende Mail findet man in Opera im Ordner „Ungelesen" (siehe 2.2)

5.1 Kunden

Den Kunden benachrichtigen und ihm mitteilen, was passiert ist und wie es um den Auftrag steht (siehe 3.1.1 bis 3.1.3).

Opera öffnen, unter „Ungelesen" (siehe 2.2) die entsprechende Mail markieren und auf Antworten klicken (linker Pfeil oberhalb der Mail oder Taste [R]). Sollte die Mail unter „Ungelesen" nicht zu finden sein, dann im linken Menü „Posteingang" wählen und die Mail unter dem entsprechenden Datum suchen.

5.2 Übersetzer

Den Übersetzer benachrichtigen und ihm mitteilen, was passiert ist und wie es um den Auftrag steht (siehe 3.1.1).

Opera öffnen und wie unter 5.1 verfahren.

5.3 Korrektor

Den Korrektor benachrichtigen und ihm mitteilen, was passiert ist und wie es um den Auftrag steht (siehe 3.1.2).

Opera öffnen und wie unter 5.1 verfahren.

6 Rechnungen erstellen

Zunächst die entsprechenden Aufträge herausfiltern (siehe 3.2). Dann in TO3000 den Auftrag markieren, den man in Rechnung stellen möchte.

Anschließend unten in der Menüleiste auf „Kunde" klicken. Zunächst ganz links auf den Reiter „Übersicht" klicken. Auf der rechten Seite gibt es ganz unten ein Feld „Allgemeine Informationen", dem man entnehmen kann, ob eine Rechnung per Post (siehe 5.1) oder per E-Mail (siehe 5.2) und an welche E-Mail-Adresse verschickt werden soll. Außerdem ist hier auch die Rechnungsvorlage („RTF-Dokumentvorlage") angegeben. Außerdem kann man hier erkennen, ob eine im EU-Ausland ansässige Firma eine Umsatzsteueridentifikationsnummer hat (neben der Schaltfläche „USt-IdNr:").

Zum Erstellen einer Rechnung auf den Reiter „Rechnungen" und danach auf die Schaltfläche „Neu" (links oben) klicken. Es öffnet sich ein neues Fenster. Links in der Mitte auf die Schaltfläche „Auftrag zur Rechnung hinzufügen" klicken und in dem neuen Fenster auf „Fertige anwählen" und „OK" klicken.

Jetzt sieht man bereits den Rechnungsbetrag und muss nur noch auswählen, ob MwSt. fällig wird. Bei deutschen Firmen und allen Privatkunden (auch ausländischen) muss MwSt. in Rechnung gestellt werden. Alle Firmen innerhalb der EU haben eine Umsatzsteueridentifikationsnummer (siehe oben). Bei diesen Rechnungen sowie bei Rechnungen an ausländische Firmen außerhalb der EU wird keine MwSt. in Rechnung gestellt. Wenn MwSt. in Rechnung gestellt wird, so ist der Satz im Normalfall 19%. Eine Ausnahme sind literarische Übersetzungen u. Ä., für die nur der ermäßigte Steuersatz von 7% in Rechnung gestellt wird.

Nach Auswahl der MwSt. auf „OK" klicken. Damit ist die Rechnung im System gespeichert.

Um die Rechnung verschicken zu können, muss sie mit einem Doppelklick erneut geöffnet werden. Nun muss man unten unter „RTF-Dokumentvorlagen" die für den Kunden geltende Rechnungsvorlage auswählen und rechts daneben auf die (mittlere) Schaltfläche „Speichern & Öffnen" klicken. Es öffnet sich ein neues Fenster „Speichern unter", wo man den Speicherort auswählt. Gespeichert werden Rechnungen unter \Roland Hoffmann\Daten\Finanzen\2014 (bzw. ein entsprechendes Jahr). Der Dateiname besteht aus der vorgegebenen Rechnungsnummer, hinter die noch der Name des Kunden eingegeben wird, also wird z. B. 113214.rtf unter 113214 Huber_DE.rtf gespeichert. Anschließend öffnet sich die Rechnung in Word. Eventuell müssen noch ein paar Schönheitskorrekturen vorgenommen werden.

6.1 Rechnung per Post verschicken

Rechnungen, die per Post verschickt werden sollen, weisen keinen Briefkopf auf und werden direkt auf Briefpapier gedruckt. Dieses befindet sich in dem kleinen Druckerkästchen links vom Schreibtisch (Türchen öffnen, im rechten Kunststoffsortierer in der dritten Schublade von unten). Vorne am Drucker die Klappe nach unten klappen und das Briefpapier mit der Bildseite nach oben und dem Kopf zuerst in die Klappe schieben. Dann die Rechnung ausdrucken.

Briefumschläge befinden sich in den weißen Schränken hinter dem Schreibtisch (wenn man davor steht ganz rechts, mittlere Schublade) und Briefmarken im Druckerkästchen in der gelben Mappe.

6.2 Rechnung per E-Mail verschicken

Rechnungen, die per E-Mail verschickt werden sollen, weisen einen Briefkopf auf. Diese Rechnung in Word mit „Speichern unter" als PDF-Datei speichern (die Auswahl PDF erfolgt mit der Auswahlliste unterhalb des Dateinamens). Danach den Acrobat Reader öffnen und die Datei ausdrucken. Schließlich die PDF-Datei der Rechnung gemäß den jeweiligen Anweisungen (siehe oben) an den Kunden schicken bzw. in dessen System hochladen.

7 Zahlungseingänge überprüfen

Um überprüfen zu können, ob gestellte Rechnungen bereits bezahlt worden sind, müssen zunächst einmal die entsprechenden Konten überprüft werden.

7.1 Postbankkonto 112233-803

Die Seite der Postbank aufrufen:

https://www.postbank.de/

Links oben unter „Kunden Login" auf „Online-Banking" klicken. Im neuen Fenster unter „Kontonummer" 112233-803 sowie unter „PIN" das in KeePass angegebene Passwort eingeben.

Jetzt kann man unter Umsätze überprüfen, welche Zahlungen eingegangen sind.

Müssen Überweisungen getätigt werden, dann muss man das entsprechende Formular ausfüllen und unten links auf „Freigabe" klicken. Damit fordert man eine SMS an, die an mein Mobiltelefon geschickt wird. Die SMS enthält den Freigabe-Code, den man eingeben muss. Danach erneut auf „Freigabe" klicken.

7.2 Dänisches Konto 44556677 bei der Danske Bank/Netbank

Die Seite der Netbank aufrufen:

https://netbank.danskebank.dk/html/index.html?site=DBNB&secsystem=DI

Rechts erscheint ein kleines Fenster, in das man unter „Bruger-id" die in KeePass unter „User name" angegebene 9-stellige NemID-nummer (mit Bindestrichen) eingeben muss. Im Feld „Adgangskode" muss man das „Password" aus KeePass eingeben (man kann es nicht kopieren, nur eingeben).

Danach erscheint ein Fenster, in dem zur Eingabe einer bestimmten TAN-Nummer aufgefordert wird. Hierzu benötigt man die TAN-Karte mit den entsprechenden Nummern. Die Karte ist weiß mit schwarz aufgedruckten Zahlen und befindet sich in der obersten Schreibtischschublade.

8 Zahlungserinnerungen/Mahnungen

Wenn festgestellt wird, dass eine Rechnung trotz Ablauf der Fälligkeit nicht beglichen worden ist, sollte dem Kunden zunächst eine höfliche Zahlungserinnerung geschickt werden.

Eine Vorlage namens „Zahlungserinnerung" ist in Word unter „Datei" → „Neu" → „Meine Vorlagen" zu finden. Nach Aufruf dieser Vorlage sind die Adresse des Kunden, die Rechnungsnummer, das Rechnungsdatum sowie der ausstehende Betrag einzutragen und ein Datum anzugeben, bis zu dem die Zahlung eingehen muss. Die Zahlungserinnerung ist im Verzeichnis mit den Rechnungen unter \Roland Hoffmann\Daten\Finanzen\2014 (bzw. ein entsprechendes Jahr) zu speichern. Der Dateiname besteht aus der betreffenden Rechnungsnummer, z. B. 113214 Huber_DE.rtf, der ein ZE für Zahlungserinnerung angehängt wird. Der Dateiname lautet in diesem Fall also 113214 Huber_DE_ZE.rtf.

Sollte bereits eine Zahlungserinnerung verschickt worden sein, findet sich eine Zahlungserinnerung nach obigem Muster in dem genannten Pfad. Ist die Zahlung bis zum angegebenen Datum nicht erfolgt, so ist dem Kunden eine Mahnung zu schicken. Eine Vorlage namens „Mahnung" ist in Word unter „Datei" → „Neu" → „Meine Vorlagen" zu finden. Auch hier sind wieder die entsprechenden Angaben wie oben unter Zahlungserinnerung angegeben zu machen. Beim Abspeichern lautet der Dateiname 113214 Huber_DE_MA.rtf.

9 Sonstige Anweisungen

9.1 Mitgliedschaften

Ich bin Mitglied in folgenden Verbänden oder Vereinen. Diese Mitgliedschaften müssen gekündigt bzw. auf Ruhen gesetzt werden. Unter den jeweiligen Verbänden/Vereinen ist jeweils die entsprechende Homepage im Internet angegeben, wo man die aktuelle Adresse und Telefonnummer erfährt.

9.1.1 BDÜ (Bundesverband der Dolmetscher und Übersetzer)

www.bdue-bayern.de

9.1.2 VdÜ (Verband deutschsprachiger Übersetzer literarischer und wissenschaftlicher Werke)

www./literaturuebersetzer.de

9.1.3 MÜF (Münchner Übersetzerforum)

www.muenchner-uebersetzerforum.de

9.1.4 Lyrik Kabinett

www.lyrik-kabinett.de

9.2 Eigene Webseiten

Meine geschäftlichen Webseiten sind bei Strato gehostet. Die entsprechenden Passwörter stehen in KeePass unter eMail.

9.3 Webseiten, an denen ich beteiligt bin

Ich bin an der Webseite www.nordische-sprachen.de beteiligt. Ansprechpartnerin ist Paula Postmeister, die unter der E-Mail-Adresse postmeister@nordische-sprachen.de zu erreichen ist.

9.4 Soziale Netze

Alle sozialen Netze, in denen ich aktiv bin, stehen in KeePass unter „Soziale Netze". Dort finden sich auch alle Passwörter.

Bibliografie

Beer, Jochen und Gec, Enesa (2014): Steuerleitfaden für Dolmetscher und Übersetzer. Berlin 2014.

Czopik, Jerzy (2014a): „Sinnvolle Datenorganisation. Übersicht auf der Platte." In: MDÜ, Heft 1, 2014, S. 14–19.

Czopik, Jerzy (2014b): „Datenorganisation für Übersetzer." In: Baur e. a. (Hrsg.): Im Spannungsfeld zwischen Mensch und Maschine – Die Zukunft von Übersetzern, Dolmetschern und Terminologen. Tagungsband des 20. FIT-Weltkongresses, Berlin 2014, S. 892–900.

Fuchs, Andreas (2009): „Verwaltungssoftware für Übersetzer im Test." In: MDÜ, Heft 2, 2009, S. 30–xx.

Verbraucherzentrale NRW (2012). Patientenverfügung. Vorsorgevollmacht und Betreuungsverfügung. Düsseldorf 2012.

Winkler, Prof. Dr. Karl (2013): Erbrecht von A-Z. 13. Auflage, München 2013.

Winkler, Matthias (2014): Betreuung in Frage und Antwort. München 2014.

Birgit Golms: Marketing für Dolmetscher und Übersetzer – Wie Sie sich als Freiberufler optimal vermarkten und Kunden gewinnen, ISBN: 978-3-938430-55-2, 2., aktualisierte Auflage, Umfang: 161 Seiten, Erscheinungsjahr: 2014, Preis: 20,00 €

„Marketing für Dolmetscher und Übersetzer" wurde aufgrund seines hohen Praxisbezugs innerhalb weniger Jahre zu einem vielgelesenen Grundlagenwerk für selbstständige Sprachmittler. Seit 2011, der Erstauflage des Werkes, hat sich insbesondere der Bereich „Social Media" zu einem festen Bestandteil des Marketings von Freiberuflern entwickelt. Aus diesem Grund wurde das Kapitel über Networking im Internet erweitert und eine Übersicht über die wichtigsten Social Media Netzwerke im Internet aufgenommen, die für Dolmetscher und Übersetzer interessant sein können. Deshalb lohnt sich ein Kauf der Neuauflage dieses Werks auch dann, wenn Sie bereits eine frühere Ausgabe besitzen.

Die Bandbreite der im Ratgeber behandelten Themen reicht weiterhin von der Positionierung über die Grundausstattung in Form von Visitenkarte und Website bis hin zur Kundengewinnung. Die Vorschläge sind genau auf die Situation von Dolmetschern und Übersetzern zugeschnitten, die alleine arbeiten und weder über ein großes Budget noch übermäßig Zeit für das Marketing in eigener Sache verfügen. Übungen, Checklisten und zahlreiche Tipps helfen dabei, das Gelesene in die Praxis umzusetzen.

Jochen Beer, Enesa Gec: Steuerleitfaden für Dolmetscher und Übersetzer, ISBN: 978-3-938430-53-8, Ausgabe 2014, Umfang: 212 Seiten, Erscheinungsjahr: 2014 (unverändert gültig für 2015), Preis: 20,00 €

Der Praxiserfolg eines selbständigen Dolmetschers und Übersetzers hängt gleichermaßen von fachlichen und unternehmerischen Fähigkeiten ab. Die fachlichen Kenntnisse sind „nur" die Basis. Um zum ganzheitlichen unternehmerischen Erfolg zu gelangen, ist es erforderlich sich intensiv mit Zahlen – nicht nur während der Gründungsphase, sondern auch in den Jahren danach – zu beschäftigen.

Neben betriebswirtschaftlichen Zahlen sind die steuerlichen Themen wie Abgabeverpflichtungen gegenüber den Finanzbehörden, Buchhaltung und Gewinnermittlung, Rechnungschreibung und viele andere von großer Bedeutung. Es werden die wesentlichen Eckpfeiler, Besonderheiten und Fallstricke ausführlich und mit praxisnahen Beispielen erörtert.

Der Leitfaden ist so praxisnah wie möglich geschrieben. Deswegen finden Sie im Text wenig Hinweise auf Paragraphen. Stattdessen wurden über fünfzig Fallbeispiele zum besseren Verständnis in das Buch aufgenommen.

Alle Preise sind Bruttopreise und verstehen sich zzgl. Porto und Verpackung (ab 2,50 €).
Bestellungen erbitten wir bevorzugt über unsere Internetseite: www.fachverlag.bdue.de.
Dort finden Sie außerdem Leseproben zum kostenlosen Download.